DIE DICHTUNGEN DER STAUFER

„Da es dir gefällt, o Liebe"

Die Dichtungen der Staufer

Herausgegeben von
SEBASTIAN NEUMEISTER

Zweisprachige Ausgabe.
Mit Übersetzungen aus dem Altitalienischen
und Mittelhochdeutschen.

Universitätsverlag
WINTER
Heidelberg

Bibliografische Information der Deutschen Nationalbibliothek
Die Deutsche Nationalbibliothek verzeichnet diese Publikation
in der Deutschen Nationalbibliografie;
detaillierte bibliografische Daten sind im Internet
über *http://dnb.d-nb.de* abrufbar.

UMSCHLAGBILD

Andrea Rinaldi: Andria – Castel del Monte,
https://www.flickr.com/photos/52012189@N00/291731387,
mit farblicher Veränderung, verwendet unter CC BY 2.0:
https://creativecommons.org/licenses/by/2.0/

FÜR CLAUDIA

ISBN 978-3-8253-4749-9

Dieses Werk einschließlich aller seiner Teile ist urheberrechtlich geschützt. Jede
Verwertung außerhalb der engen Grenzen des Urheberrechtsgesetzes ist ohne
Zustimmung des Verlages unzulässig und strafbar. Das gilt insbesondere für
Vervielfältigungen, Übersetzungen, Mikroverfilmungen und die Einspeicherung
und Verarbeitung in elektronischen Systemen.

© 2021 Universitätsverlag Winter GmbH Heidelberg
Imprimé en Allemagne · Printed in Germany
Umschlaggestaltung: Klaus Brecht GmbH, Heidelberg
Druck: Memminger MedienCentrum, 87700 Memmingen

Gedruckt auf umweltfreundlichem, chlorfrei gebleichtem
und alterungsbeständigem Papier

Den Verlag erreichen Sie im Internet unter:
www.winter-verlag.de

Kaiser Friedrich und sein edler Sohn Manfred zeigten den Adel und die Rechtschaffenheit ihres Geistes, solange es das Schicksal zuließ, indem sie sich den humanen Themen widmeten und die niedrigen verachteten. Deshalb suchte jeder, der edles Wesen und Begabung besaß, die Nähe der Majestät solcher Fürsten, sodass alles, was hervorragende Gebildete in jener Zeit schufen, zuerst am Hofe der so Geehrten entstand.

Dante, *De vulgari eloquentia* (1305)

Inhaltsverzeichnis

Vorbemerkung 9

I Einführung 11

II Die dichtenden Staufer 23

Kaiser Heinrich VI. (1165–1197) 23
Historisch-literarisches Profil 23

Ich grüeze mit gesange die süezen 26
Wol hôher danne rîche 30
Rîtest du nu hinnen 32

Kaiser Friedrich II. (1194–1250) 37
Historisch-literarisches Profil 37

Dolze meo drudo, e vaténde! 43
De la mia disïanza 48
Misura, providenza e meritanza 52
Poi c'a voi piace, amore 56
Per la fera menbranza 62
Donna, lo fino amore (?) 66
Oi llasso, non pensai (?) 72
Amor voglio blasmare (?) 76

König Heinz (Re Enzo) (1215–1272) 87
Historisch-literarisches Profil 87

Amor mi fa sovente 91
S'eo trovasse Pietanza 96
Alegru cori, plenu 102
Tempo ven che sale chi discende 103

Konradin (Konrad der Junge) (1252–1268) 107
Historisch-literarisches Profil 107

Ich fröwe mich maniger bluomen rôt 109
Sol ich nu klagen die heide? 113

III Anhang: Poetische Zeugnisse der Zeit 119

Einführung 119

Aimeric de Peguilhan, En aquelh temps 121

Guilhem Figueira, Un nou sirventes ai en cor / Ia de far un sirventes 125

Walther von der Vogelweide, Von Rôme voget, von Pülle künic / Ich hân mîn léhen 136

Reinmar von Zweter, Sprüche 141

Der Marner, Got gît sîn gabe 145

IV Epilog 151

Dante, *La Divina Commedia*, Purgatorio III 151

V Bibliographie 157

1. Textausgaben 157

2. Historische Darstellungen 158

3. Ausstellungskataloge und Bildbände 159

4. Literaturgeschichte 160

5. Spezialuntersuchungen 161

Stammtafel der Stauferdynastie 164

Abbildungsverzeichnis 165

Vorbemerkung

Die vorliegende Ausgabe versammelt erstmals die Dichtungen, die von vier Mitgliedern der Stauferdynastie während des 12. und 13. Jahrhunderts in Deutschland und Italien in mittelhochdeutscher und altitalienischer Sprache verfasst wurden, soweit sie erhalten sind. Außerdem finden sich in einem Anhang einige poetische Zeugnisse versammelt, wie die Zeitgenossen das Schicksal der Staufer verfolgt und kommentiert haben. Für die Präsentation der Texte wurden die jeweils neuesten kritischen Ausgaben der Texte benutzt, soweit möglich, in leicht zugänglichen zweisprachigen Ausgaben. Damit soll nicht der Eindruck erweckt werden, dass der originale Wortlaut des jeweiligen Gedichts endgültig gesichert sei. Die hier gewählte Version ist vielmehr vor dem Hintergrund des neuesten Forschungsstandes als Entscheidung für eine bestimmte Handschrift oder Version zu verstehen, ohne damit andere Varianten im Wortlaut und in der Strophenfolge definitiv ausschließen zu wollen. Dem Leser soll vielmehr im Vertrauen auf die jeweiligen Herausgeber ein Mittelweg zwischen einer unkritischen Leseausgabe und einer mit der schier uferlosen philologischen Spezialdiskussion belasteten wissenschaftlichen Edition eröffnet werden. Dass diese Diskussion gleichwohl nicht ignoriert wurde, mögen entsprechende Hinweise in den Kommentaren und Anmerkungen sowie die ausführlich Bibliographie der kritischen Ausgaben und der konsultierten Arbeiten belegen. Es sind zugleich Einladungen zur Klärung der vielfältig weiterhin bestehenden Fragen.

Den Liedern in der Originalsprache sind Übersetzungen ins heutige Deutsch gegenübergestellt, für die der Herausgeber die alleinige Verantwortung trägt. Soweit überhaupt vorhanden, wurden dafür aber auch die vorhandenen Übertragungen dankbar benutzt, allerdings nicht ohne Korrekturen in z. T. wesentlichen Punkten. Trennung und Abfolge der Gedichtverse blieben dabei im Interesses einer inhaltlich getreuen Wiedergabe soweit wie möglich erhalten, unter Verzicht auf formale Experimente wie etwa Reimversuche. Angesichts der Präzision, mit die Autoren die Form ihrer Lieder kontrollierten, die an den Gesangsvortrag und/oder an eventuelle Vorbilder in den sogenannten Kontrafakturen gebunden waren, wurde auch darauf verzichtet, detailliert auf Fragen der Metrik und des Reims einzugehen. Die Beurteilung der Reimkunst gestaltet sich im übrigen schon deshalb schwierig, weil die Texte der sizilianischen Dichterschule uns, von drei Ausnahmen abgesehen, darunter eine, die in der vorliegenden Sammlung vertreten ist, nicht im sizilianischen *volgare illustre* des Stauferhofes überliefert sind, sondern nur in toskanisierten bzw. venezianischen Versionen einer späteren Zeit.[1]

---

[1] S. u. Einführung, Anm. 4, und ausführlich Antonelli, in *I poeti della Scuola Siciiana*, Bd. I, S. LVII–LXVIII („Introduzione").

Das Ziel der vorliegenden Ausgabe der Dichtungen der Staufer ist es in erster Linie, diese erstmals in verlässlichen Versionen zusammenzuführen, aber auch, damit die sprachlichen Schranken zu überwinden, die bisher insbesondere die deutschsprachige Rezeption und Edition der Lyrik der Staufer in ihrer Kontinuität und Gesamtheit behindert oder unmöglich gemacht haben. Wenn so die z. T. offenbar nur fragmentarisch informierte Fachwelt ebenso wie ein historisch breiter interessiertes Publikum erreicht würde, wäre das viel.

I Einführung
Die Staufer und die italienische Lyrik des Mittelalters

Die Beziehungen der Staufer zur Dichtkunst sind einer größeren historisch interessierten Öffentlichkeit weitgehend unbekannt. Insbesondere Kaiser Friedrich II. von Hohenstaufen ist, einmal abgesehen von seiner historischen Bedeutung, im Bereich der Kultur durch seine vielfältigen wissenschaftlichen und philosophischen Interessen, seine Kontakte mit der islamischen Welt und deren Gelehrsamkeit und durch sein Vogelbuch *De arte venandi cum avibus* bekannt, kaum jedoch als Dichter und Sänger. Bei den Dichtungen der Staufer geht es aber nicht um diplomatische oder militärische Aktionen, nicht um repräsentative Bauten und auch nicht um mediale Präsenz auf Münzen, Friesen und Monumenten, sondern um kunstvolle Texte zur Unterhaltung und Reflexion. Es sind Lieder, die, gleichermaßen geprägt von literarischem Gespür und intellektuellem Scharfsinn, aber auch von musikalischem Empfinden für Schönheit und Form, eine Begabung verraten, die Friedrich mit mehreren Mitgliedern seiner Familie gemeinsam hat, mit dem Vater Heinrich VI., den Söhnen Manfred, Friedrich von Antiochien und Heinz (Enzo) und mit dem letzten Staufer, dem Enkel Konradin.

Friedrich Schiller hat mehr als ein halbes Jahrtausend nach dem Untergang der Stauferdynastie gedichtet, „das Schöne blüht nur im Gesang". Das gilt auch für die hier versammelten Lieder.[2] Die Anfänge der italienischen Lyrik des Mittelalters am Beginn des dreizehnten Jahrhunderts sind nicht zu trennen von der Blüte der provenzalischen Trobadorlyrik in der Provence, die gesungen wurde. Die Minnesänger der ersten volkssprachlichen Lyrik Europas, die dort entsteht, sind zahlreich zu Gast an den Fürstenhöfen südlich und nördlich der Alpen und der Pyrenäen, an den deutschen Fürstenhöfen und in den aufstrebenden Städten Oberitaliens, darunter so bedeutende wie Aimeric de Peghuilan, Raimbaut de Vaqueiras und Peire Vidal. Sie dichten und singen in Italien wie in ihrer Heimat problemlos auf Provenzalisch. Diese nicht mit dem Altfranzösischen Nordfrankreich zu verwechselnde Sprache ist

---

[2] Daran, dass Text und Gesang in der *Scuola Siciliana* wie schon vorher in der Provence und in Nordfrankreich noch immer zusammengehören, ist zeitweise zu Unrecht gezweifelt worden. Vgl. zur mündlichen Vortragssituation mittelalterlicher Texte mehrfach grundsätzlich Paul Zumthor, z. B. in einem seiner letzten Artikel („Mündlichkeit/Oralität", 2002), und, bezogen auf die Sizilianer Joachim Schulze, besonders in *Sizilianische Kontrafakturen. Versuch zur Frage der Einheit von Musik und Dichtung in der sizilianischen und sikulo-toskanischen Lyrik des 13. Jahrhunderts*, 1989, und in *Amicitia vocalis*, 2004, S. 24–31. Zum deutschen Minnesang vgl. Lewon, „Wie klang Minnesang?", 2011

die literarische Koiné der Zeit, neben dem Latein der Klöster und Philosophen, aber auch mancher Dichter. Mehrsprachigkeit ist ohnehin eher normal, so wenn etwa der Provenzale Raimbaut de Vaqueiras in einem zweisprachigen *descort* das Toskanische einflicht oder in einem fingierten Streit mit einer genuesischen Dame deren Dialekt zu Wort kommen lässt.[3]

Bezeichnend ist auch, dass ein Italiener (sofern man überhaupt davon schon sprechen kann), der aus Friedrichs Lieblingsprovinz Apulien stammende Giacomino Pugliese, den Trobador Uc Faidit bittet, eine provenzalische Grammatik zu verfassen, *Lo Donatz provensals* (1240). Denn auch die Italiener bedienen sich des Provenzalischen als der neuen Dichtersprache, so Lanfranc Cigala, Bartolome Zorzi und Sordello. Und noch Dante huldigt Sordello, indem er ihn für sich und Vergil zum Führer durch zwei Gesänge der ‚Göttlichen Komödie' macht (*Purgatorio* VI/VII) und dem Trobador Arnaut Daniel sogar neun Verse eigener Produktion in provenzalischer Sprache in den Mund legt (*Purgatorio* XXVI, 140–148). Auch die provenzalisch geschriebenen *vidas* und *razos*, Biographien der Trobadors und Texterläuterungen von allerdings zweifelhaftem dokumentarischen Wert, entstehen im dreizehnten und vierzehnten Jahrhundert in Italien, ebenso mit einer Ausnahme auch alle großen Liederhandschriften. All das sind eindrucksvolle Zeugnisse der Präsenz der provenzalischen Literatur im Reich der Hohenstaufen, im sizilianischem Teil ebenso wie in Oberitalien. Auch der älteste, erst 1999 bekannt gewordenen Text der Minnelyrik in italienischer Sprache, die anonyme Kanzone *Quando eu stava in le tu' cathene*, entstanden zwischen 1180 und 1210 ebenfalls in Oberitalien, ist ohne die altprovenzalische Minnelyrik nicht denkbar.[4]

Es ist dieser Hintergrund, vor dem die Gründung der sizilianischen Dichterschule zu sehen ist, mit der Friedrich II. von Hohenstaufen dem heutigen Italienischen den Weg in die volkssprachlichen Literaturen Europas öffnet, mit Dichtungen in einer sizilianischen Hochsprache (*volgare illustre*), die allerdings bei der Toskanisierung durch die nachfolgende Generation, in der sie uns allein überliefert sind, verloren ging.[5] Dante stellt in seiner sprachpolitischen Programmschrift *De vulgari eloquentia* (*Über die Volkssprache*, 1304/1305) nicht zu Unrecht fest, alle nichtprovenzali-

---

[3] „Bella, tant vos ai preiada"; kommentierter Text und Übersetzung in Rieger, *Trobairitz*, 1991, 418–436, und in Fichte, *Das Streitgedicht*, 2019, S. 166–173. Vgl. Brugnolo, *Plurilinguismo e lirica medievale*, 1983.

[4] Vgl. *Antologia della poesia italiana*, 1999, 607–620.

[5] Wir besitzen nur drei poetische Texte in der sizilianischen Originalfassung: Die Kanzonen „Pir meu cori allegrari" von Stefano Protonotaro, die beiden letzten Strophen der Kanzone „S'eo trovasse Pietanza" (siz. „S'iu truvassi pietati") von Re Enzo (König Heinz) sowie das Fragment eines Liedes von seiner Hand: Alegru cori, plenu" (*I poeti della scuola siciliana*, Bd. II, 351–365 und 728–750). Alle drei Texte hat der Philologe Giammaria Barbieri (1519–1574) aus einem heute verlorenen, nicht näher bezeichneten „Libro siciliano" in sein unvollendet gebliebenes *Rimario* (*Arte del rimare*) aufgenommen, das Girolamo Tiraboschi 1790 unter dem Titel *Dell'origine della poesia rimata* veröffentlichte.

sche Dichtung vor ihm im italienischen *volgare* sei „sizilianisch" und sollte auch so bezeichnet werden: „factum est ut quicquid nostri predecessores vulgariter protulerunt, sicilianum vocetur."[6] Dante mag dabei nicht nur an Friedrich II. gedacht haben, sondern auch an dessen kaiserliche Vorfahren, Friedrich I. Barbarossa und Heinrich VI., die zwar nicht in diesem *volgare illustre* gedichtet haben, aber auf ihren mit großem Aufwand inszenierten Hoftagen sicher auch die Kunst des Minnesangs einbezogen haben, ja im Falle Heinrichs VI. sogar selbst beherrschten. Und Friedrich II. wird spätestens bei seinem ersten Aufenthalt in Deutschland 1212 bis 1220 erkannt haben, welche wichtige Rolle für den Ausbau und die Repräsentation der eigenen Macht eine eigene, von den provenzalischen, altfranzösischen und mittelhochdeutschen Vorbildern abgelöste sprachlich-literarische Kultur spielen konnte.

Es ist diese hohe kulturpolitische Bedeutung der sizilianischen Dichterschule, die in den meisten Darstellungen der Regierung Kaiser Friedrich II., den historischen ebenso wie den literaturgeschichtlichen, unterschätzt oder ganz ignoriert wird. Dagegen spricht es für den analytischen Blick Dantes, dass er dies in seinem sprachtheoretischen Traktat *De vulgari eloquentia* gesehen hat und begründet:

> Et primo de siciliano examinemus ingenium: nam videtur sicilianum vulgare sibi famam per aliis asciscere, eo quod quicquid poetantur Ytali siciliarum vocatur; et eo quod pre plures doctores indigenas invenimus graviter cecinisse, puta in cantionibus illis
>
> et
> > Ancor che l'aigua per lo foco lassi,
>
> > Amor, che lungiamente m'hai menato.
>
> Sed hec fama trinacie terre, si recte signum ad quod tendit inspiciamus, videtur tenatum in obprobrium ytalorum principum remansisse, qui non heroico more sed plebeio secuntur superbiam. Siquidem illustres heroes, Fredericus Cesar et benegenitus eius Manfredus, nobilitatem ac rectitudinem sue forme pandentes, donec fortuna permisit, humana secuti sunt, brutalia dedignantes. Propter quod corde nobiles atque gratiarum dotati inherere tantorum principum maiestati conati sunt, ita ut eorum tempore quicquid excellentes animi Latinorum enitebantur primitus in tantorum coronatorum aula prodibat, et quia regale solium erat Sicilia, factum est ut quicquid nostri predecessores vulgariter protulerunt, sicilianum vocetur: quod quidem retinemus et nos, nec posteri nostri permutare valebunt.[7]

(Betrachten wir zurst den Geist des Sizilianischen: Denn es zeigt sich, dass die sizilianischen Volkssprache für sich Ruhm vor allen anderen Dialekten beansprucht, sei es, weil alles, was die Italiener dichten, „sizilianisch" genannt wird, sei es, weil wir sehr viele einheimische Dichter im hohen Stil dichten sehen, z. B. in diesen Liedern:

> Auch wenn das Wasser durch das Feuer seine Kälte verliert,

und

> Amor, der mich lange Zeit geleitet hat.

---

[6] Dante, *De vulgari eloquentia*, 1988, S. 56 (I, xii, 4).
[7] Ebd., S. 54–56.

Doch wenn wir genau untersuchen, wohin dieser Ruhm Siziliens tendiert, müssen wir feststellen, dass seine Entstehung den italienischen Fürsten nur zur Schande gereicht, die sich, allein ihrem Hochmut verpflichtet, wie gemeines Volk verhalten und nicht wie Helden. Wenn, dann sind es die berühmten Helden, Kaiser Friedrich und sein edler Sohn Manfred, die den Adel und die Rechtschaffenheit ihres Geistes zeigten, solange es das Schicksal zuließ, indem sie sich den humanen Themen widmeten und die niedrigen verachteten. Deshalb suchte jeder, der edles Wesen und Begabung besaß, die Nähe der Majestät solcher Fürsten, sodass alles, was hervorragende italienische Gebildete in jener Zeit schufen, zuerst am Hofe der so Geehrten entstand. Und weil der königliche Sitz in Sizilien war, wurde alles, was unsere Vorfahren in der Volkssprache vortrugen, „sizilianisch" genannt, eine Bezeichnung, die auch wir beibehalten und die auch unsere Nachfahren nicht ändern können.)

Dantes Einschätzung ist ein halbes Jahrhundert nach Kaiser Friedrichs Tod entstanden, also schon im Rückblick auf die Stauferzeit, kann aber in ihrer Bedeutung für die Literaturgeschichte Italiens nicht hoch genug eingeschätzt werden. Dante würdigt in aller Klarheit die kulturpolitischen Verdienste der Staufer, die zugleich auch sprach- und literaturgeschichtliche sind. Er spendet damit der *Scuola Siciliana* das höchste Lob. Sie hat es ohne jeden Zweifel ebenso verdient wie ihr Initiator, Kaiser Friedrich II.[8]

Zur Charakterisierung der sizilianischen Dichterschule ist es notwendig, zwei Gruppen zu unterscheiden, den festen Kreis einer literarisch gebildeten Beamtenschaft im unmittelbaren Umkreis des Kaisers und eine weiter verstreute Gruppe von Beamten und Patriziern in den Städten Mittelitaliens, die sogenannten Sikulo-Toskaner. Die höfische Liebe als Thema und die mit ihr vorgegebene Wertewelt des höfischen *paradoxe amoureux*, die intensive Werbung des Ritters um die Gunst der Dame,[9] verdankt sich dabei zunächst noch ganz den Provenzalen, aber eventuell auch Kontakten mit dem deutschen Minnesang im Umkreis des reisenden Kaisers,[10] so zwischen diesem und Walther von der Vogelweide.[11]

Es sind allerdings nunmehr nicht länger fahrende Sänger, die vor einem gemischten Publikum die anwesende Dame loben und besingen wie an den provenzalischen

---

[8] Zum literaturgeschichtlichen Hintergrund vgl. die Darstellungen von Hugo Friedrich (1964), Gianfranco Folena (1965), Furio Brugnolo (1995) und Schulze (2011).
[9] Vgl. aber Schnell, *Tod der Liebe durch Erfüllung der Liebe?*, 2018, zur angeblich garantierten Vergeblichkeit dieses Werbens.
[10] Vgl. Schulze, „Die Sizilianer und der Minnesang", 1989.
[11] S. u. III. Anhang. Wie stark die Trobadorlyrik in Sizilien auch außerhalb des höfischen Milieus präsent ist, zeigt die Argumentation in einem burlesken, an die französische Pastourelle erinnernden Strophenwechsel *(contrasto)* von Cielo d'Alcamo, *Rosa fresca aulentisssima*. Sowohl der letztlich erfolgreiche Spielmann wie auch das ihm lange widerstehende Bauernmädchen verwenden dabei Begriffe der hohen Minne, die ihnen eigentlich fremd sein müssten (*I poeti della Scuola Siciliana*, Bd. II, S. 515–556). Kommentierter Text und Übersetzung sind leicht zugänglich in Hausmann, *Die Gedichte aus Dantes „De vulgari eloquentia"*, 1986, S. 260–286, und in Fichte, *Das Streitgedicht*, 2019, S. 282–295.

und oberitalienischen Höfen. Die Lösung aus der dialogischen Bindung an bestimmte Frauen ermöglicht die Verabschiedung bestimmter Klischees, auf die die Sänger in den jeweiligen örtlichen Feudalstrukturen zu achten hatten. Die ganz andere Situation der *Magna Curia*, wie der kaiserliche Hof genannt wurde, ist dadurch gekennzeichnet, dass nunmehr juristisch und rhetorisch, aber im Trivium auch musikalisch ausgebildete Hofbeamte und Experten ihr Können im kleinen Kreis, d. h. auch ohne auf bestimmte Frauen bezogene Verehrungsrituale erproben können. Das erklärt die Abstraktion und die Grundsätzlichkeit, mit der in der *Scuola Siciliana* über die Liebe gesprochen wird.[12] Die Vielfalt der provenzalischen Gattungen, die auch die Behandlung politischer und persönlicher Konflikte erlaubte und satirische Akzente setzen konnte, wird dafür auf einige wenige Formen reduziert, die Kanzone, die *ballata* und den *descort* als musikalisch motivierte Gattungen, und das Streitgedicht, sei es als *contrasto* oder als Tenzone, inszeniert als Wechsel von Sonetten, in jener Gattung also, der eine große, bis heute andauernde Zukunft beschieden sein sollte.[13]

Auch die sizilianische Tenzone als eine auf hohem Niveau geführte Debatte über die höfische Liebe gerät allerdings in den Sog der höfischen Unterhaltungskultur. So stellt etwa der (biographisch kaum greifbare) Jacopo Mostacci seinem Kollegen, Friedrichs mächtigem Kanzler Piero della Vigna, in einer berühmten und vieldiskutierten Tenzone die scheinbar reichlich naive Frage nach der Macht („potere") der Liebe. Diese sei doch nicht sichtbar, so meint er, betont aber zugleich, dass das kein Problem sei, das ihm auf den Nägeln brenne:

> Solicitando un poco meo savere
> e con lui mi vogliendo dilettare,
> un dubio che me misi ad avere
> a voi lo mando per determinare.

Der Hinweis auf das *delectare* zu Beginn verrät es: Dies ist anders, als das Verb „determinare" eventuell vermuten lassen könnte, weniger eine Bitte um die begründete Entscheidung in einer wichtigen Streitfrage als eine Einladung zu einem Spiel. Sein Spielpartner Piero della Vigna versteht das auch richtig und scheut sich nicht, eine so naive Frage als unsinnig zurückzuweisen:

> Però ch'Amore no si pò vedere
> e no si tratta corporalmente,
> manti ne son di sì folle sapere
> che credeno ch'Amor sia nïente.

---

[12] Vgl. Antonelli, „Introduzione" in *I poeti della Scuola Siciliana*, Bd. I, S. XLIX–LIII.
[13] Vgl. dazu Antonelli, „L'invenzione del sonetto", 1989, Weinmann, *Sonett-Idealität und Sonett-Realität*, 1989, und Pötters, *Nascita del sonetto*, Ravenna 1998.

Stattdessen sieht er gerade in der Unsichtbarkeit der Liebe ein starkes Argument für ihre Existenz:

> molto maggiore pregio deve avere
> che se 'l vedessen visibilemente.

Worin ihm Giacomo da Lentini, der maßgebende Dichter der Sizilianer, mit einer glasklaren naturwissenschaftlichen Beschreibung der Liebe beipflichtet:

> Amor è un disio che ven da core
> per abondanza de gran piacimento,
> e li occhi imprima generan l'amore
> e lo core li dà nutricamento.
> Ben è alcuna fiata om amatore
> senza vedere so 'namoramento,
> ma quell' amor che stringe con furore
> da la vista de li occhi à nascimento,
>
> che li occhi rapresentan a lo core
> d'onni cosa che veden bono e rio,
> com'è formata naturalmente;
>
> e lo cor, che di zo è concepitore,
> imagina, e piace quel disio:
> e questo amore regna fra la gente.[14]

> (Liebe ist ein Begehren, das von Herzen kommt
> aus einem Übermaß an Wohlgefallen,
> und die Augen erzeugen zuerst die Liebe
> und das Herz gibt ihnen Nahrung.
> Wohl ist manchmal einer verliebt,
> ohne sein Liebesobjekt zu sehen,
> aber die Liebe, die mit Macht bedrängt,
> entsteht durch den Blick der Augen,
>
> denn die Augen zeigen dem Herzen
> von allen Dingen, die sie sehen, gut oder hässlich,
> wie sie von Natur geformt sind,
>
> und das Herz, das der Empfänger ist,
> stellt sich etwas vor, und dieses Begehren gefällt.
> Und diese Liebe herrscht unter den Menschen.)

---

[14] *I poeti della Scuola Siciliana*, Bd. I, S. 393–411 (*versione toscanizzata*).

Giacomo da Lentini referiert hier, wie man sich zu seiner Zeit auf der Grundlage der aristotelischen Wahrnehmungspsychologie die Entstehung der Liebe erklärte.[15] Zugleich ist das Sonett ein Zeugnis für die weiterhin gegebene Präsenz der Trobadorlyrik bei den Sizilianern, denn die Verse fünf und sechs sind ein deutlicher Hinweis auf eines der berühmtesten Lieder der Trobadors, Jaufre Rudels Lied von der Liebe aus der Ferne (*amor de lonh*), die angeblich auch seine (allerdings davon hergeleitete) Biographie (*vida*) prägt.[16] Unterhaltung, Bildung und Belehrung verbinden sich in diesem Disput wie auch in den anderen Tenzonen der Hofjuristen und Hofbeamten also nun doch zu einer mehr oder weniger ernst gemeinten Erörterung nach dem Modell einer scholastischen *disputatio de quodlibet*, vorgetragen als ein von kunstvollen Effekten getragenes Zusammenspiel der Dichterkollegen.[17]

Der „Notar" Giacomo da Lentini kann als das Haupt der sich zwischen 1220 und 1230 herausbildenden sizilianischen Dichterschule gelten[18], schon deshalb, weil allein von ihm vierzig Gedichte überliefert sind, davon 22 Sonette, darunter die Teilnahme an dem soeben zitierten Sonettwechsel über die Definition der Liebe.[19] Auch der Kaiser, selbst Sohn eines Minnesängers (Kaiser Heinrich VI.), und seine Söhne Manfred und Enzo (Heinz) dichten, außerdem zwei seiner Kanzler (Piero della Vigna und Stefano Protonotaro), zwei Falkner und andere Beamte. Von ihren Lebensumständen ist allerdings so wenig bekannt und ihr Stil ist so wenig unterscheidbar, dass Friedrich Diez in seiner bahnbrechenden Studie *Die Poesie der Troubadours* von 1826 sagen konnte: „Man könnte sich diese ganze Literatur als Werk eines Dichters denken, nur in verschiedenen Stimmen hervorgebracht."[20] Das ließe sich in gewisser Weise auch von den Liedern der Staufer sagen. Doch die drei Kaiser Friedrich I. Barbarossa, Heinrich VI. und Friedrich II. sind trotz allem inmitten ihrer Hofgesell-

---

[15] Aristoteles zufolge (*De anima*) ist die *imaginatio* entscheidend für die Wahrnehmung der Außenwelt, wobei nach mittelalterlicher Auffassung die Liebe ihren Ausgangspunkt und ihre Heimat im Herzen hat. Vgl. mit Bezug auf die Tenzone grundsätzlich Zeiner, *Der Blick der Liebenden*, 2006, S. 78–90, und Neumeister, „Das Bild der Geliebten im Herzen", 1998.

[16] Vgl. Jaufre Rudel, *L'amore di lontano*, 2003, S. 92–108, und 141–145, und Fratta, „Giacomo da Lentini e l'amore lontano", 2000.

[17] Zur Herkunft dieses argumentativen Spiels mit konträren Positionen aus der Lyrik der Trobadors vgl. Neumeister, *Das Spiel mit der höfischen Liebe*, 1966, und ders., „Die dialogischen Gedichte", 2017. Joachim Schulze wählt den hier vorgeführten Sonettwechsel als Beispiel für die von ihm so genannte „sizilianische Wende" in der Lyrik, „die Lösung der Rolle des Liebenden aus der aktiven Bezogenheit auf eine Partnerin", die das Singen der Trobadors kennzeichnete, zugunsten der Frage nach dem Wesen der Liebe, eine Frage, die die juristisch geschulten Mitglieder der *Scuola Siciliana* mithilfe der scholastischen Disputationsmethode in topischer Manier zu beantworten suchen (Schulze, „Sizilianische Wende", 1979, bes. S. 328–336).

[18] Vgl. Antonelli, „Introduzione", in *I poeti della scuola siciliana*, Bd. I, 2008, und Meier, „*Ser Giacomo valente*", 2017. Außerdem Arqués, *La poesia di Giacomo da Lntini*, 2000.

[19] Vgl. *I poeti della scuola siciliana*, Bd. I, 357–411.

[20] Diez, *Die Poesie der Troubadours*, 1883, 122.

schaft nicht der jeweilige *primus inter pares*, sondern durchaus darauf bedacht, dass ihre hierarchische Alleinstellung von ihrer Umgebung peinlich genau respektiert wird.[21] Man darf sich also die sizilianische Dichterschule nicht vorstellen wie die philosophischen Dispute, die der andere große Friedrich mit Voltaire in Potsdam führte, oder wie das „Dantekränzchen", zusammengesetzt aus Fachgelehrten, Historikern und Poeten, das König Johann von Sachsen im 19. Jahrhundert für seine Übersetzung der *Divina Commedia* um sich versammelte.

Dass das poetische Spiel mit der höfischen Liebe eigentlich nur der Unterhaltung dienen sollte, kann auch die Hofhaltung von Friedrichs Söhnen Enzo und Manfred zeigen, bei denen solche Erörterungen verstärkt in den Dienst höfischer Festlichkeiten treten. Von Enzo, der nicht weniger als 23 Jahre als Gefangener der Bolognesen in einem Palazzo in der Mitte der Stadt verbrachte, ist bekannt, dass er dort die Zeit mit Spiel, Dichtung und Gesang verbrachte (s. sein historisch-literarisches Profil). Und auch Manfred verstand seine hohe Stellung, wie der Chronist Jacopo d'Acqui berichtet, als Lizenz zum Feiern, auch er dichtete und sang. Leider sind uns seine Lieder nicht überliefert. Doch einmal spricht er dennoch zu uns: Dante überlässt ihm – keine geringe Ehre! – den ganzen Schlussteil eines der Gesänge im Purgatorium seiner *Göttlichen Komödie*. Hier kann er dem Jenseitswanderer in stolzer Rede seinen Tod in der Schlacht von Benevent 1266 schildern, er, der letzte echte Garant für den Fortbestand der Stauferherrschaft in Italien.[22]

Mit dem Tode Kaiser Friedrichs II. 1250 zerfällt der Dichterkreis. In den Dichtungen der Sikulo-Toskaner um Guittone d'Arezzo, bei den Vertretern des süßen neuen Stils (*dolce stil novo*), allen voran Guido Guinizzelli und Guido Cavalcanti, und noch bei Dante, der sich nach stilnovistischen Anfängen vom Vorbild der Sizilianer löst und zu einem eigenen Stil findet, zeichnet sich die Lyrik gegenüber derjenigen ihrer Vorgänger nunmehr wieder durch eine größere inhaltliche und sprachliche Vielfalt aus. Das erklärt sich vor allem aus dem Fehlen eines politischen und geographischen Zentrums und dem Eindringen der jeweiligen Stadtmundart von Lucca, Pisa, Arezzo, Florenz, Bologna in die Dichtung. Die Gedichte der Sizilianer sind uns, wie gesagt, ohnehin nur in einer toskanisierten Mischsprache überliefert, in die sie die Schreiber des ausgehenden dreizehnten Jahrhunderts transponierten. Sie lässt nur noch Spuren des sizilianischen Dialekts erkennen, eröffnet aber zugleich damit die Chance für eine größere Verbreitung und Verständlichkeit bis heute.

Wenn sich die Dichter des *dolce stil novo* vom sizilianischen Vorbild abwenden, so doch auf der Basis einer Vorstellung von der Frau, die in der Sizilianischen Dichterschule geprägt wurde: die *donna angelicata*. Denn anders als in der Lyrik der Trobadors und Trouvères werden hier nicht mehr die Damen und Herrinnen eines bestimmten Hofes besungen, deren Gunst man sucht und braucht, sondern diese werden, sofern überhaupt gemeint, zu abstrakten Idealfiguren einer bestimmten Lie-

---

[21] Vgl. dazu Schulze, *Amicitia vocalis*, 2004, S. 180–184, und Neumeister, „Hierarchisierung", 2005, S. 61–73.
[22] Dante, *La Divina Commedia*, Purgatorio III, v. 103–145; s. u. IV. Epilog.

beskonzeption gemacht. Guido Guinizzelli aus Bologna, der als Richter in engem Kontakt zu dem im Stadtschloss gefangen gehaltenen König Enzo, dem Sohn des Kaisers, steht, greift in seinen Kanzonen und Sonetten diese Auffassung auf und entwickelt sie weiter zu einer Feier der Liebe als Drang zu Höherem.[23] Das verleiht der Frau einen nicht nur sozialen, sondern auch sittlichen Rang ohnegleichen und macht die Liebe zu einer Tugendschule. Guido Cavalcanti treibt diese Spiritualisierung der Frau als Quelle aller Tugenden noch weiter voran, so etwa in seiner Kanzone *Donna me prega*, die die Liebestheologie Guinizzellis mit scholastischer Gelehrsamkeit zu einem Traktat der hohen Minne ausgestaltet, der mehrere Kommentare auslöst.[24] Dante schließlich verleiht der Frau als Heilsbringerin Beatrice in den Gedichten seiner *Vita nova* und in der *Göttlichen Komödie* ganz neue, metaphysische Qualitäten, nunmehr vor dem Hintergrund einer gegenüber den Anfängen der italienischen Minnelyrik um 1200 ungleich reicheren literarischen Landschaft. Dass die hohe Lyrik der Provenzalen, der Sizilianer, der Sikulo-Toskaner und der Stilnovisten längst zum Bildungsgut der Epoche gehört, zeigen kurioserweise die Gerichtsakten der Notare im Bologna des dreizehnten Jahrhunderts: Da es in diesen Dokumenten keine Leerstellen geben durfte, füllten sie die entsprechenden Freiräume aus dem Gedächtnis – mit Gedichten![25]

---

[23] Vgl. die umfangreiche Einleitung, die Luciano Rossi seiner Ausgabe der Gedichte Guinizzellis vorangestellt hat (Guinizzelli, *Rime*, 2002, S. IX–XLIV), und Neumeister, „La lezione della luce", 2017.
[24] Vgl. Fenzi, *La canzone d'amore*, 1999.
[25] Vgl. Antonelli, „Storia e poesia", 2003, Anm. 39. Einige Textbeispiele (ballate) in *Antologia della poesia italiana. Duecento*, 1999, S. 338–342.

Keiser Heinrich.

II Die dichtenden Staufer

Kaiser Heinrich VI.

Historisch-literarisches Profil

Der spätere Heinrich VI. von Hohenstaufen wurde mitten in die Probleme hineingeboren, mit denen sein Vater, Kaiser Friedrich I. Barbarossa – „Rotbart", wie ihn die Italiener nannten – konfrontiert war, bedingt durch die Machtverhältnisse in Deutschland und Italien, mitunter aber auch durch sein eigenes undiplomatisches Verhalten. Immer geht es um die Behauptung der Vorrangstellung des Kaisers gegenüber der Kirche, gegenüber England und Frankreich, gegenüber den lombardischen Städten und gegen die innerdeutschen Konkurrenten, insbesondere gegenüber den Welfen unter Heinrich dem Löwen. Schon deshalb hatte Kaiser Friedrich I. dafür gesorgt, dass sein 1165 geborener Sohn Heinrich schon mit vier Jahren zum deutschen König gewählt wurde und damit die Erbfolge gesichert war. Heinrichs Mutter war die burgundische Prinzessin Beatrix, nach Aussagen der Zeitgenossen eine ausgesprochene Schönheit, die ihrem Gemahl nicht nur elf, vielleicht sogar zwölf Kinder gebar, darunter Heinrich, sondern ihm mit dem reichen Burgund auch den problemlosen Zugang nach Italien sicherte. Das war wichtig, denn beherrschend sind für Friedrich I. der Dauerkonflikt mit den Päpsten und die ständige Pflicht zum Kreuzzug, vor allem nach dem Fall Jerusalems an Sultan Saladin 1189. Auf dem dritten Kreuzzug zur Rückeroberung der Heiligen Stätten ist Friedrich I. dann auch 1190 umgekommen.

Heinrich hatte also trotz aller politischen Wirren die besten Chancen für eine glanzvolle Herrschaft, zumal ihn sein Vater 1186 auch mit Konstanze von Sizilien verheiratet hatte, eine Prinzessin von jener Insel, die Orient und Okzident verbindet. Sie fiel ihm schon drei Jahre später als Erbe des kinderlosen Normannenkönigs Wilhelm II. zu. Damit war die Umklammerung des Kirchenstaates im Süden vollendet. Wichtiger aber als solche dynastischen Glücksfälle, zu denen auch die Gefangennahme des englischen Königs Richard Löwenherz zählt[26], ist aber im vorliegenden Zusammenhang die Persönlichkeit der Mutter, der 1167 in Rom zur Kaiserin gekrönten Beatrix.[27] Sie nämlich war es, die die französische Hofkultur nach Deutschland brachte und als hochgebildete (*litterata*) Mutter Heinrich eine sorgfältige Erziehung

---

[26] Man lese dazu die Darstellung des Falls, mit der Franco Suitner sein kulturgeschichtlich-literarisches Panorama des mittelalterlichen Europa einleitet (*I poeti del medio evo*, 2010, S. 13–20).

[27] Vgl. Bender, „Traumfrau der Minnesänger", 2011, S. 41–67.

und Bildung zukommen ließ. Ihr ist es zu verdanken, dass Heinrich mit der Liedkunst der provenzalischen Trobadors und der französischen Trouvères in Berührung kam und neben den Dichtern aus der Provence und aus Frankreich auch die Kunst der deutschen Minnesänger schätzen lernte, so etwa die Lieder des kanonbildenden Friedrich von Hausen. Dieser ist urkundlich schon am Hofe des Vaters belegt und begleitete Friedrich Barbarossa auf dem unglücklichen dritten Kreuzzug und gehörte dann auch zu den *familiares* am Hofe Kaiser Heinrichs. Dieser selbst steht so mit seinen Dichtungen am Übergang vom sogenannten „donauländischen", von romanischen Einflüssen noch weitgehend unbeeinflussten Minnesang zum sogenannten „rheinländischen" Minnesang, der nach dem Vorbild der Trobadors die Liebe höher bewertet als die ritterlichen Pflichten des Krieges und des Kreuzzuges.[28] Heinrichs eigene Lieder kennen das Glück einer erfüllten Liebe, ein Glück, das die Trobadors in ihren Tagliedern besingen, während die Geliebte des späteren Minnesangs es ihrem Liebhaber nur noch bedingt, wenn überhaupt gewährt.[29] Zugleich spricht aus ihnen die Sehnsucht nach ihrer Gegenwart, in lyrischen Botschaften an die in der „Liebesheimat" zurückgebliebene Geliebte, einem „für die rheinischen Minnesänger typischen Sinnkonstruktionsmuster" (Gert Hübner[30]). In Heinrichs Liedern steht zumindest in der dichterischen Fiktion das erlebte Liebesglück sogar höher als die kaiserliche Machtvollkommenheit. Kaiser Heinrich VI. könnte damit ein prominentes Beispiel für die von Ernst Kantorowicz beschriebene Rechtsfigur der „zwei Körper des Königs" abgeben, bekanntlich ein Lieblingsthema der heutigen Boulevardpresse.[31] Vor allem aber ist er der Gründervater der Stauferlyrik und sein Porträt mit einer Schriftrolle eröffnet zu Recht die Große Heidelberger, die sogenannte Manessische Handschrift.[32]

---

[28] Vgl. Hübner, *„Alumbe den Rîn"*, 2011.
[29] Vgl. zu diesem Phänomen, dem sogenannten „paradoxe amoureux", Schnell, *Tod der Liebe durch Erfüllung der Liebe?*, 2018.
[30] Hübner, *„Alumbe den Rîn"*, 2011, S. 31.
[31] Kantorowicz, *Die zwei Körper des Königs*, 1994. Kantorowicz zeichnet allerdings anhand unzähliger Quellen nach, dass die Idee der zwei Körper des Herrschers im Mittelalter eine theologisch-juristische Figur (*lex animata*) war, die erst in der Renaissance auch auf den konkreten Körper des Herrschers bezogen wurde (vgl. ebd., bes. Kap. IV und VII).
[32] Effinger, *Der Codex Manesse*, 2010, Farbtafel 1 und Kommentar 1.7, S. 72 f.

Ich grüeze mit gesange die süezen

Eines der bekanntesten Gedichte des deutschen Minnesangs, wegen des Sängers wie wegen seines Inhalts.[33] Kein Geringerer als Kaiser Heinrich VI., der Sohn Barbarossas und Vater Friedrichs II. von Hohenstaufen, singt hier und er verbirgt seinen Rang nicht. Es ist deshalb nur folgerichtig, dass das Porträt, mit dem der Heidelberger Codex Manesse seine Bildergalerie eröffnet, den Kaiser als den ranghöchsten Minnesänger mit einer Schriftrolle zeigt. Heinrich, der schon mit vier Jahren zum deutscher König gewählt wurde, dürfte die drei in zwei Handschriften unter seinem Namen überlieferten Gedichte vor seiner Krönung zum Kaiser 1190 verfasst und vielleicht – doch das ist eine bloße Vermutung – anlässlich seiner Schwertleite 1184 auf dem Mainzer Hoftag sogar selbst vorgetragen haben.

Erwartungsgemäß geht es in den drei Gedichten um die Liebe, hier um eine Geliebte, von der der Liebende getrennt ist. Wer auch immer ihr das vorliegende Lied überbringen möge, es sei ein Gruß von ihm. Die Unbestimmtheit des Auftrags überrascht, schließlich ist es ein Herrscher, der hier spricht. Aber entweder geht der Sänger davon aus, dass ein persönlicher Vortrag unter seiner Würde ist oder dass sein Lied die künstlerische Qualität hat, auch von einem anderen als ihm selbst vorgetragen zu werden. Auch ist zu fragen, ob hier wirklich der Staufer und künftige Kaiser Heinrich VI. in eigener Sache spricht oder ob er nur zum Ausdruck seiner Liebe ein Motiv der Minnelyrik verwendet, den sogenannten „Kaisertopos" (Peter Wapnewski).[34] Damit würde die biographische Authentizität zum poetischen Phantom und das Gedicht zum autonomen Kunstwerk: „La dame n'est pas davantage l'objet du discours que le *je* n'en est le sujet [...] La chanson et ainsi son propre sujet, sans prédicat. Il n'est pas douteux que les auditeurs, au temps où cette poésie fut la plus vivante, la comprirent ainsi. Le poème est miroir de soi." (Paul Zumthor)[35]

Wie dem auch sei, das Lied wird in den Handschriften Kaiser Heinrich zugeschrieben und das lyrische Ich setzt das eigene Liebesglück und die Herrschermacht ausdrücklich zueinander in Beziehung:

> Mir sint diu rîche und diu lant untertân,
> swenne ich bî der minneclîchen bin,
> und swenne ich gescheide von dan,
> sô ist mir al mîn gewalt und mîn rîchtuom dâ hin.

---

[33] Vgl. Kellner, „Ich grüeze mit gesange", 204, und die Anmerkungen zu diesem Lied in Klein, *Minnesang*, 2010, S. 466–468.

[34] Vgl. Wapnewski, „Kaiserlied und Kaisertopos", 1979, und Neumeister, „Herrschermacht und Liebesdienst", 2005.

[35] Zumthor, *Essai de poétique médiévale*, 1972, S. 218; vgl. Räkel, *Der deutsche Minnesang*, 1986, S. 101–107, und Schnell, „Minnesang I", 2012, S. 69 f.

Diese Situation ist, selbst wenn sie in der argumentativen Nutzung der herausgehobenen Position nur raffinierte Rhetorik sein sollte und nicht vorschnell als der Ausdruck eines authentischen Gefühls genommen werden darf, durchaus prekär, da sie sich von der Anwesenheit der Geliebten abhängig macht. Doch diese ist ihm wohlgesonnen:

> Waz gît mir dar umbe diu liebe ze lône?
> Dâ biutet si mirz sô rehte schône:
> Ê ich mich ir verzige, ich verzige mich ê der krône.

Es ist diese ungewöhnlichen Liebesgewissheit, auf die der Kaiser angeblich schwerer verzichten würde als auf seine Krone. Erneut stellt hier der Kaiser Liebe und Macht, privates Empfinden und öffentliches Amt auf eine Ebene, eine affektive Privatheit, die es in dieser Konstellation jedoch nicht gibt. Das höfische Publikum wird zu würdigen gewusst haben, wie der Kaiser den „pararituellen" Charakter des höfischen Liedvortrags (Jan-Dirk Müller)[36] dafür nutzt, gerade diese Diskrepanz effektvoll vorzuführen. Mehr noch: In den letzten Versen des Lieds integriert Heinrich VI. sein privates Empfinden in sein öffentliches Pflichtprogramm:

> Verlür ich si, waz het ich danne?
> Dâ tohte ich ze vreuden weder wîben noch manne,
> und waer mîn bester trôst beide ze âchte und ze banne.

Ohne die Geliebte und das Glück mit ihr kann er auch den anderen, also seinen Untertanen, keine Freude bereiten: Die eigentlich in einer Zweierbeziehung *per se* unsoziale Liebe wird zum Fundament der Gesellschaft!

---

[36] Jan-Dirk Müller, „Ritual, Sprecherfiktion und Erzählung", 1996, S. 45.

Ich grüeze mit gesange die süezen

1 – Ich grüeze mit gesange die süezen,
die ich vermîden niht wil noch enmac.
Dô ich si von munde rehte mohte grüezen,
ach leides, des ist manic tac.
Swer nu disiu liet singe vor ir, 5
der ich sô gar unsenfteclich enbir,
ez sî wîp odr man, der habe si gegrüezet von mir.

2 – Mir sint diu rîche und diu lant untertân,
swenne ich bî der minneclîchen bin,
und swenne ich gescheide von dan, 10
sô ist mir al mîn gewalt und mîn rîchtuom dâ hin.
Wan senden kumber, den zele ich mir danne ze habe.
Sus kan ich an freuden stîgen ûf und ouch abe
und bringe den wehsel, als ich waene, dur ir liebe ze grabe.

3 – Sî daz ich si sô gar herzeclîchen minne 15
und si âne wenken zallen zîten trage
beide in herze und ouch in sinne,
underwîlent mit vil maniger klage,
waz gît mir dar umbe diu liebe ze lône?
Dâ biutet si mirz sô rehte schône: 20
Ê ich mich ir verzige, ich verzige mich ê der krône.

4 – Er sündet, swer des nîht geloubet,
daz ich möhte geleben manigen lieben tac,
ob joch niemer krône kæme ûf mîn houbet,
des ich mich ân si niht vermezzen mac. 25
Verlür ich si, waz het ich danne?
Dâ tohte ich ze vreuden weder wîben noch manne,
und waer mîn bester trôst beide ze âchte und ze banne.

Edition: *Deutsche Lyrik des frühen und hohen Mittelalters*. Edition der Texte und Kommentare von Ingrid Kasten. Übersetzungen von Margherita Kuhn. Frankfurt am Main: Deutscher Klassiker Verlag 2005, S. 104–107.

Kaiser Heinrich VI.: *Ich grüeze mit gesange die süezen*

Ich grüße mit Gesang die Süße

1 – Ich grüße mit Gesang die Süße,
der ich nicht fernbleiben will noch kann.
Dass ich sie selbst auf rechte Weise grüßen konnte,
das ist – ach, zu meinem Leid – lange her.
Wer nun diese Strophen singen wird vor ihr,
die ich so schmerzlich entbehre,
sei es Frau oder Mann, der habe sie gegrüßt von mir.

2 – Mir sind die Reiche und die Länder untertan,
wenn ich bei der Geliebten bin,
und wenn ich von ihr scheide,
sind meine ganze Macht und mein Reichtum hin.
Sehnsüchtigen Schmerz, den nenne ich dann meinen Besitz.
So steigt und fällt meine Freude,
und ich erleide das, so vermute ich, wegen der Liebe zu ihr bis ins Grab.

3 – Während ich sie so von Herzen liebe
und sie allezeit ohne zu schwanken
im Herzen und im Sinn trage,
zuweilen mit gar mancher Klage,
was gibt mir die Liebste dafür zum Lohne?
Sie dankt es mir auf wahrhaft schöne Weise.
Ehe ich auf sie verzichten würde, verzichtete ich eher auf die Krone.

4 – Er versündigt sich, der das nicht glaubt,
dass ich viel frohe Tage erleben möchte,
auch wenn die Krone nie auf mein Haupt käme.
was ich ohne sie nicht wagen will.
Verlöre ich sie, was hätte ich dann?
Dann taugte ich weder Frau noch Mann zur Freude
Und mein bester Trost wäre in Acht und Bann.

Wol hôher danne rîche

Das Lied gilt ebenso wie das folgenden als Musterbeispiel der lyrischen Gattung Wechsel.[37] Die Sprecher der beiden Strophen sind eindeutig als Mann und als Frau identifizierbar (vgl. v. 4 und 10), die sich jeweils monologisch, d. h. räumlich voneinander getrennt, zur Liebe zu ihrem Partner bekennen. Auch hier spielt die gehobene Stellung des Mannes, wie schon der Eingangsvers signalisiert, eine Rolle. Vielleicht auch deshalb bekennt er sich im Gegensatz zu vielen provenzalischen Vorbildern der Zeit ohne Furcht und ohne Geheimnis zu einer auch erotisch erfüllten Liebe. Die Forschung schreibt dies einer für den sogenannten donauländischen, von der Trobadorlyrik noch weitgehend unabhängigen Sichtweise zu.[38] Auch die Frau lobt in ihrer Strophe nicht ohne Selbstbewusstsein den Wert ihres Liebhabers (*einen ritter guot*, v. 10), der sie glücklich sein lässt (*wol gemuot*, v. 12). Allerdings leidet sie darunter, dass sie deshalb von anderen Frauen beneidet, ja gehasst wird, die sich in diese ideale Gemeinschaft drängen wollen (v. 13–15). Die Eifersucht der offenbar zahlreich vorhandenen Verehrerinnen des Ritters bringt jedoch keine Dramatik in das Lied, sondern verstärkt ganz im Gegenteil den Eindruck der innigen Verbundenheit der Liebenden, eine Verbundenheit, die durch ihre zeitweise Trennung nicht beeinträchtigt, sondern nur noch verstärkt wird. Die äußeren Umstände vermögen, wie die Schlussverse der beiden Strophen betont nahelegen, nichts gegen die innere Harmonie, die die Liebenden vereint.

---

[37] Vgl. Köhler, *Der Wechsel*, 1996, S. 116–123, und Schnell, „Frauenlied, Manneslied und Wechsel", 1999.
[38] Vgl. Hübner, „*Alumbe den Rhin*", 2011.

Wol hôher danne rîche

„Wol hôher danne rîche
bin ich alle die zît,
sô alsô güetliche
diu guote bî mir lît.
Si hât mich mit ir tugende 5
gemachet leides vrî.
Ich kom ir nie sô verre sît ir jugende,
ir enwære mîn stætez herze ie nâhe bî."

„Ich hân den lîp gewendet
An einen ritter guot. 10
Daz ist alsô verendet,
daz ist alsô verendet,
daz ich bin wol gemuot.
Daz nîdent ander frowen
Unde habent des haz
Und sprechent mir ze leide, daz si in wellen schowen. 15
Mir geviel in al der welte nie nieman baz."

Edition: *Deutsche Lyrik des frühen und hohen Mittelalters*. Edition der Texte und Kommentare von Ingrid Kasten. Übersetzungen von Margherita Kuhn. Frankfurt am Main: Deutscher Klassiker Verlag 2005, S. 106 f.

Wohl höher als mächtig

„Wohl höher als mächtig
bin ich immer,
wenn so liebevoll
die Liebste bei mir liegt.
Sie hat mich mit ihren Vorzügen 5
von Leid befreit.
Seit ihrer Jugend war ich ihr nie so fern,
dass mein treues Herz ihr nicht immer nahe gewesen wäre."

„Ich habe mich ganz
einem edlen Ritter zugewandt. 10
Und so ist es gekommen,
dass ich wohlgemut bin.
Das neiden mir andere Frauen
und sind deshalb voller Hass
und sagen, um mich zu treffen, dass sie ihn sehen wollen. 15
Mir gefiel auf der ganzen Welt nie jemand besser."

32 Die dichtenden Staufer

Rîtest du nu hinnen

Das dritte der drei Lieder Kaiser Heinrichs ist in mehrfacher Hinsicht komplex. Auch hier wäre zunächst die philologische Sicherung des Textes wünschenswert, ein Wunsch, der, wie die Diskussionen der Herausgeber zeigen, nicht abschließend erfüllt werden kann, zumal das Lied in zwei Fassungen (Mss. B und C) vorliegt und strittig ist, ob es sich um zweimal neun Kurzzeilen oder je zweimal vier Langzeilen handelt, gelagert um eine zentrale mittlere Zeile (Waise). Entscheidet man sich für eine bestimmte Fassung, eventuell nach einer Reihe von Emendationen, stellt sich sodann die Frage, ob es sich hier um einen Wechsel wie in *Wol hôher danne rîche* handelt, also um eine Frauenstrophe und eine ihr antwortende Männerstrophe, oder aber um zwei Frauenstrophen ohne Sprecherwechsel. Diese Frage lässt sich für die erste Strophe eindeutig beantworten, heißt es doch hier im letzten Vers: „sprach das minneclîche wîb." Das spräche für ein Frauenlied im Stile eines Tagelieds, in dem die Frau den Liebhaber bei Tagesanbruch ziehen lassen muss („Rîtest du nu hinnen". v. 1). Die zweite Strophe könnte dann die Abschiedsworte des Mannes wiedergeben, auch wenn der Ausdruck „geselle guote" (v. 10) geschlechtsneutral ist.

Ein Dialog in einer für die zwei Sprecher zeitlich und räumlich identischen Situation ist hier jedoch andererseits wegen der in Vers 9 signalisierten Vorzeitigkeit („sprach") der Frauenstrophe auszuschließen. Das muss allerdings nicht unbedingt bedeuten, dass der Sänger nicht doch einen Dialog fingieren könnte, wie er den Wechsel als Gattung kennzeichnet. Auffällig ist dagegen die Wendung an ein Publikum im drittletzten Vers der zweiten Strophe („nu merkent, wie ich daz meine", v. 16), die auf eine mögliche mündliche Vortragssituation verweist, ein in der Minnelyrik eher seltener Passus. Sie macht den Dichter als Sänger der zweiten Strophe erkennbar und damit auch die Identifikation mit einer im Lied übernommenen männlichen Rolle möglich. Schwerer wiegt, dass damit ein dritter Partner in die angenommene Wechselrede eintritt: das zuhörende Publikum! Der angebliche Wechsel erweist sich so als ein Kunstprodukt ganz besonderer Art, in dem der Dialog zwischen direkter Anrede und zeitlichem Abstand changiert.[39]

Nimmt man vor diesem Hintergrund die Tatsache hinzu, dass hier der Kaiser spricht, so erhält die geschlechtsspezifische Differenz in der Beschreibung der Gefühle eine ganz spezielle Färbung: Während für die Frau an der baldigen Rückkehr des Mannes die ganze Existenz hängt („sô verliûse ich mînen lîp", v. 3), äußert sich der Mann wesentlich selbstbewusster, ja er fasst seine emotionale Bindung in das Bild von Edelsteinen in einer Goldfassung, ein Vergleich, der auf die Vereinigung der Liebenden gemünzt sein könnte, aber auch auf die kostbaren Edelsteine der Kaiserkrone – oder auf beides. Wir können die Metapher vom in Gold gefassten Edelstein aber auch auf dieses geheimnisvolle und nur scheinbar schlichte lyrische Meisterstück selbst beziehen

---

[39] Zur Bedeutung der Aufführung für das höfische Lied nicht nur im deutschen Minnesang vgl. Müller, *Aufführung und Schrift*, 1996, und Zumthor, „Mündlichkeit/Oralität", 2010.

Rîtest du nu hinnen

1 – „Rîtest du nu hinnen,
der aller liebste man,
den nâch mînen sinnen
ie dehein frowe nie gewan?
Kumest du mir niht schiere, 5
sô verliuse ich mînen lîp.
Den möhte mir in al den welten
got niemer vergelten!",
sprach daz mînneclîche wip.

2 – „Wol dir, geselle guote, 10
daz ich ie bî dir gelac.
Du wonest mir in dem muote
die naht und ouch den tac.
Du zierest mîne sinne
und bist mir daz zuo holt." 15
Nu merkent, wie ich daz meine:
als edel gesteine
tuot, da manz leit in daz golt.

Edition: *Deutsche Lyrik des frühen und hohen Mittelalters*. Edition der Texte und Kommentare von Ingrid Kasten. Übersetzungen von Margherita Kuhn. Frankfurt am Main: Deutscher Klassiker Verlag 2005, S. 108 f.

Reitest du nun von hier fort

1 – „Reitest du nun von hier fort,
der allerliebste Mann,
den meiner Meinung nach
je eine Frau für sich gewann?
Kommst du nicht schnell zurück, 5
so verliere ich mein Leben.
Das könnte mir in aller Welt
Gott zurück nicht geben",
so sprach die anmutige Frau.

2 – „Dank dir, liebe Freundin, 10
dass ich bei dir liegen durfte.
Du bist mir im Sinn
bei Nacht und auch bei Tag.
Du zierst meine Gedanken
Und bist mir dabei hold." 15
Gebt acht, wie ich das meine:
Wie Edelsteine,
die man fasst in Gold.

Kaiser Friedrich II.

Historisch-literarisches Profil

Es mag vermessen sein, angesichts der monumentalen Darstellungen von Ernst Kantorowicz und Wolfgang Stürner[40] in wenigen Worten die Person und die Figur des größten deutschen Kaisers nach Karl dem Großen und vor Karl V. ein weiteres Mal zu würdigen. Kaiser Friedrich II. von Hohenstaufen kann in seiner historischen Bedeutung für die Geschichte Zentraleuropas von Sizilien bis zur Ostsee im 13. Jahrhundert und in seinem außergewöhnlichen geistigen Format kaum überschätzt werden – nicht umsonst wurde er schon von den Zeitgenossen das Staunen der Welt genannt, *stupor mundi*. Hervorgegangen aus der Verbindung eines römisch-deutschen Kaisers mit einer normannischen Prinzessin, war ihm als Schicksal in die Wiege gelegt, zwei weit auseinander liegende Regionen zusammenzuhalten, die durch den dazwischenliegenden Herrschaftsbereich des Papsttums und zunehmend auch der norditalienischen Städte getrennt waren. Eine turbulente, von Intrigen und Gewalt gezeichnete Jugend im multikulturellen Palermo, aber auch ein daran geschulter eiserner Wille und eine überragende Intelligenz mögen ihm das Rüstzeug für diese kaum zu bewältigende Situation geliefert haben, eine Situation, die dadurch zusätzlich belastet wurde, dass sein Vater, Kaiser Heinrich VI. schon drei Jahre nach seiner Geburt starb und im Jahr darauf auch die Mutter. Schon 1198 wurde dem erst Vierjährigen, der seit 1298 unter der juristischen Vormundschaft des Papstes Innozenz III. aufwuchs, die Würde des Königs von Sizilien zugesprochen, 1212 gegen erbitterten Widerstand in Deutschland die des deutschen Königs, 1220 wurde er vom Papst in Rom zum Kaiser gekrönt und machte sich 1229 auch noch zum König von Jerusalem. In jahrzehntelangen Kämpfen und Verhandlungen mit den Päpsten gelang es ihm gleichwohl nicht nur, sich gegen diesen und gegen die lombardischen Städte zu behaupten und sogar 1229 erfolgreich einen Kreuzzug zu organisieren, sondern sein Reich auch im Inneren zu einem hochmodernen Staat auszubauen, mit einer effektiven Rechtsprechung und Verwaltung, mit der Gründung einer Universität und der ersten medizinischen Hochschule Europas. Friedrich beherrschte mehrere Sprachen einschließlich des Arabischen[41], er beschäftigte sich mit antiker und arabischer Philosophie, er widmete sich den Naturwissenschaften und verfasste einen Traktat über die Falkenjagd, der in der Darstellung der Vogelwelt, so wie sie ist

---

[40] Vgl. Kantorowicz, *Kaiser Friedrich der Zweite* (1927/1931), 1963, und Stürner, *Friedrich II.*, 2009.
[41] Vgl. Brunetti, „Attorno a Federico II", 2001, S. 678–682.

("ea que sunt, sicut sunt, et ad artis certitudinem redigere"[42]), auch noch heutigen ornithologischen Standards genügt.[43]

Es ist daher kein Wunder, dass Friedrich mit seiner antipäpstlichen Politik, die er auch mit brutalen Mitteln durchsetzte, von Papst Gregor IX. zweimal mit der Exkommunikation belegt wurde. Verdächtig war aber auch, dass er ein „Epikuräer" war und sich für Wissenschaft, Philosophie, Kunst und Literatur interessierte, nicht zuletzt auch für die Sangeskunst der provenzalischen Trobadors und der deutschen Minnesänger[44], ja dass er sogar selbst dichtete und sang.[45] Der ihm nicht unbedingt wohlgesinnte Chronist Salimbene von Parma notiert 1250, also im Todesjahr des Kaisers, in seiner Chronik: „Er konnte lesen, schreiben, singen und Kantilenen und Gesänge erfinden."[46] Sein größtes Verdienst in diesem Bereich ist es aber vielleicht, dass er seine an der ersten Universität Europas, der *Alma mater studiorum* von Bologna ausgebildeten Beamten dazu brachte, zusammen mit ihm eine eigenen Dichtungstradition zu begründen, die sogenannte *Scuola Siciliana*. Es ist nicht übertrieben, wenn wir feststellen, dass damit die Geschichte der italienischen Lyrik beginnt, in der sprachpolitisch bewussten Abkehr von der lateinischen Hochsprache, aber auch von der ersten europäischen Dichtung in einer Volkssprache, derjenigen der schon genannten provenzalischen Trobadors. Der Kaiser ist nicht nur der Begründer, sondern auch die Seele dieser Schule, der ihr allein schon durch seine Teilnahme am dichterischen Wettstreit unvergängliches Leben eingehaucht hat.

Einer der Dichter der Schule, Jacopo Mostacci, bringt dies in einer Kanzone poetisch-panegyrisch zur Sprache. Diese beginnt zwar mit einer Reflexion auf die eigene poetische Tätigkeit („A pena pare ch'io saccia cantare"), doch sie endet mit einem Lob auf den Schutzherrn dieses Dichtens, den Kaiser. Zunächst geht es allerdings um das Liebesleid des Sprechers, das dieser vorgibt, vor der Geliebten verbergen zu wollen, um sie nicht zu betrüben:

> A pena pare ch'io saccia cantare
> né gioia mostrare che deggia plagere,
> ch'a me medesmo credo esser furato,
> considerando a lo breve partire;
> e se non fosse ch'è più da laudare
> quell'uom che sa sua voglia coverire
> quando gli avene cosa oltra suo grato,
> non canteria né faria gioia parere.

---

[42] *Das Falkenbuch*, 1973, S. 15.
[43] Friedrich II., *De arte venandi cum avibus*, 1942 (deutsch 1964); vgl. *Das Falkenbuch*, 1973, und Fansa/Ritzau, *Von der Kunst, mit Vögeln zu jagen*, 2007.
[44] Zur Beantwortung der Frage, ob der Kaiser Deutsch konnte, zustimmend Schulze, „Hat Friedrich II. die Lieder seines Vaters Heinrich VI. gekannt?", 1987, S. 384 f.
[45] Vgl. dazu Heinisch, *Kaiser Friedrich II.*, 1968, Kap. 3 („Der Ketzer").
[46] Zitiert nach Heinisch, ebd., S. 211 (*Monumenta Germaniae Historica Sciptores* XXXII, 356 f.).

> E però canto, donna mia valente,
> ch'io so veracemente
> ch'assai vi graveria di mia pesanza;
> però cantando vi mando allegranza
> che crederete di me certamente,
> poi la vi mando, ch'io n'aggio abondanza.[47]

> (Es scheint, dass ich nur mühsam zu singen weiß
> und keine Freude zeigen kann, die gefallen sollte,
> denn ich glaube, ich selbst bin von Sinnen,
> wenn ich an die baldige Trennung denke;
> und wenn es nicht so wäre, dass der mehr zu loben ist,
> der seine Absicht zu verbergen weiß,
> wenn ihm etwas für ihn Unangenehmes geschieht,
> würde ich weder singen noch Freude zeigen.
> Und doch singe ich, meine edle Dame,
> denn ich weiß wahrhaftig,
> dass ich Euch mit meiner Bedrückung belasten würde.
> Deshalb schicke ich Euch singend Fröhlichkeit,
> damit Ihr wirklich glaubt,
> dass ich davon, da ich sie Euch schicke, ein Übermaß habe.)

Eine etwas merkwürdige Art, den eigenen Zustand (nicht) zu verschleiern![48] Doch es gibt Abhilfe: In der fünften Strophe erklingt das Lob eines Herrn, der den Leidenden mit der Hilfe Amors vor langen Liebesqualen bewahren kann:

> La dissïanza non si può astutare
> senza di quello che 'nd'à lo podere
> di ritenere e di darmi comiato,
> come la cosa si possa compiére.
> Donqua meglio conven merzé chiamare
> che ci proveggia e no lasci perire
> lo suo servente di gioia perlungato,
> ca fino amore faria dispiacere.
> Ma io sono certo ch'egli è benevogliente
> ch'Amore gioia li consente,
> ch'egli è gioioso e di gioia con crianza;
> per ch'io ispero aver con sicuranza
> quello che gli adomando alegramente,
> perch'egli è crïator d'inamoranza.[49]

---

[47] *I poeti della Scuola Siciliana*, Bd. II, S. 396 f.
[48] Vgl. aber das Kaiser Friedrich zugeschriebene Lied „Oi llasso, non pensai" und die dort in der Anmerkung 2 angeführten Zitate von Heinrich von Morungen und Søren Kierkegaard.
[49] *I poeti della Scuola Siciliana*, Bd. II, S. 398 f.

(Das Begehren lässt sich nicht verschieben
ohne jenen, der die Macht hat,
mich zu halten und mich zu verlassen,
je nachdem, wie die Liebesnacht zustande käme.
Deshalb ist es besser, Gnade zu erbitten,
auf dass er uns helfe und seinen Diener
nicht wegen verzögerter Freude zugrunde gehen lasse,
denn das würde die hohe Liebe unattraktiv machen.
Doch ich bin sicher, dass er wohlwollend ist,
weil Amor ihm Freude gewährt,
denn er ist voller Freude und Zuversicht,
weshalb ich hoffe, das sicher zu erhalten,
was ich freudig von ihm erbitte,
weil er Schöpfer der Liebe ist.)

Man ist spontan geneigt anzunehmen, dass hier durchgehend von Amor die Rede ist (v. 58: „quello che 'nd'à lo podere"). Doch dieser tritt im fünftletzten Vers der Kanzone selbst auf und kann sich ja schlecht selbst beistehen (v. 66: „ch'Amore gioia li consente"), es sei denn, man ersetzt, durch die Manuskriptlage ungedeckt, das „li" durch ein „mi". Ist es deshalb zu gewagt, hier mit Letterio Cassata und Bruno Panvini an den Kaiser als den Dienstherrn des Untertanen („lo suo servente") zu denken?[50] Eine kühne Vermutung, zweifellos, wenn man die Schlusswendung „Schöpfer der Liebe" („criator d'inamoranza") berücksichtigt. Doch ganz abwegig ist der Gedanke nicht, wenn man bedenkt, dass im Minnesang, wie schon das Wort anzeigt, Liebe und Gesang eine Einheit bilden: Wer von der Liebe spricht, tut dies im Gesang, wer ein höfisches Lied singt, liebt auch. Es könnte sich also durchaus bei diesem Herrn um keinen Geringeren als den Kaiser handeln. Ein hymnisches Lob, das sich vielleicht nur jemand erlauben konnte, der nicht befürchten musste, damit als zudringlicher Schmeichler angesehen zu werden, sondern der dieses Lob am Ende einer formvollendeten Kanzone in vollem Ernst formuliert. Denn Jacopo Mostacci gehörte, wie die berühmte Tenzone mit Giacomo da Lentini und Piero della Vigna

---

[50] „Sono versi assai significativi dei rapporti di stima e di fiducia intercorrenti tra l'imperatore e i poeti della sua corte: egli è considerato *benvogliente*, nobilmente generosamente gioioso (*di gioia con crianza*), favorito da Amore (*ch'Amore gioia li consente*) e a sua volta fautore e suscitatore di amore (*crïator d'inamoranza*): non solo capo politico, dunque, in quanto re e imperatore, ma anche, soprattutto, caposcuola, maestro, in quanto inventore di *humanitas*, d'amore e di poesia." (Letterio Cassata in Federico II di Svevia, *Rime*, 2008, S. XLVI). Es wäre allerdings absolut verfehlt, die Liebesgedichte der Sizilianer pauschal nicht auf die verehrte, wenn auch nicht greifbare Frau zu beziehen, sondern in ihnen Lobgesänge der vom Kaiser abhängigen Hofbeamten auf diesen zu sehen, wie dies einmal behauptet wurde (vgl. Neumeister, „Die ‚Literarisierung'", 1993, S. 387–389, und zu der dadurch entfachten Diskussion Wolfzettel, „Funktion der Funktionslosigkeit", 1996).

belegt[51], ohnehin zur ‚Prominenz' der Scuola Siciliana. Er konnte deshalb wohl davon ausgehen, nicht missverstanden zu werden. Der Kaiser als Schutzherr der Dichter – mit der Hilfe Amors!

Schon zu Lebzeiten des Kaisers entsteht, wie dieses Beispiel zeigt, der Mythos des Kaisers als *spiritus rector*, als Verwandler der Welt, als *stupor mundi* und als Genie („Jener große Freigeist, das Genie unter den deutschen Kaisern", wie ihn Friedrich Nietzsche einmal nennt).[52] Der Weg von der historischen Realität zum Mythos ist nicht weit. Im *contrasto* des Cielo d'Alcamo, einem ganz und gar unhöfischen Streit zwischen einem jungen Mann und einer Bäuerin nach dem Modell der Pastorelle der provenzalischen Trobadors, beruft sich der Freier, als ihm die mehr oder weniger bedrängte junge Frau mit der Rache ihres Vaters und ihrer Brüder droht, auf einen Artikel der Konstitutionen von Melfi (1231). Dieser räumt den Untertanen des Kaisers das Recht ein, sich gegen angedrohte Gewalt auf den Kaiser zu berufen, diesen anzurufen und gegebenenfalls sogar selbst eine Strafe festzusetzen (Titel XVI: *De defensis imponendis, et quis eas imponere possit*). Der Freier reagiert damit rhetorisch geschickt auf die Verteidigungsstrategie des Mädchens, ohne dass man ihn deshalb schon zum Vertreter eines modernen Verfassungsstaates machen muss, den das patriarchalische Rechtsinstitut der Familienehre nicht mehr zu schrecken vermag:

>   Se i tuoi parenti trovami, e che mi pozon fare?
>   Una difesa mètoci di du mil'agostari:
>   non mi tocara pàdreto per quanto avere à 'n Bari.
>   Viva lo 'imperadore, graz'a Deo!
>   Intendi, bella, quel che ti dico eo?[53]

>   (Wenn deine Verwandten mich finden, was können sie mir antun?
>   Ich drohe ihnen eine Strafe von 2000 Augustalen an.
>   Dein Vater imponiert mich nicht, mag er auch noch so reich sein in Bari.
>   Es lebe der Kaiser, Gott sei Dank!
>   Verstehst du, Schöne, das was ich dir sage?)

Das Vertrauen in einen funktionierenden Rechtsstaat, das hier offenbar auch beim einfachen Volk besteht, ist gleichwohl bemerkenswert, es bereitet den Weg von den zweifellos nicht ganz so idealen wirklichen Verhältnissen hin zum Mythos eines allgegenwärtigen Herrschers, der über das Wohl seiner Untertanen wacht. Das gleiche Vertrauen spricht auch aus einer Sammlung von lateinischen Sprüchen, in denen der

---

[51] S. Einleitung.
[52] Vgl. dazu detailliert und mit zahlreichen Quellenzitaten Delle Donne, *Federico II: la condanna della memoria*, 2012.
[53] *I poeti della Scuola Siciliana*, Bd. II, S. 520. Augustalen sind Goldmünzen mit dem Bildnis des Kaisers. Bari galt als eine reiche Stadt.

Kaiser angeblich selbst Apulien und seine Städte preist. Dieses anonyme *Itinerarium* versammelt jedoch nur Verse, mit denen sich diese Städte unter Berufung auf den Kaiser unwidersprochen selbst schmücken und feiern.[54] Hier beginnt die Verwandlung des historischen Kaisers in eine je nach Standpunkt volksnahe, progressive oder sogar messianische Figur oder aber in einen gewissenlosen, häretischen und apokalyptischen Machtmenschen, Facetten einer einzigartigen historischen Persönlichkeit, von denen vor allem die Idealgestalt bis ins 20. Jahrhundert weiterleben wird.[55]

Politisch, aber auch literarisch erweist sich die Zeit nach dem Tode Friedrich als Epochenbruch, die dynastischen Konstellationen verändern sich und die personalen Zusammenhänge lösen sich auf. Die Texte der *Scuola Siciliana* werden zu Dokumenten, die man abschreibt und rezitiert, ohne sie noch im Dialog miteinander fortentwickeln zu können. Gleichwohl ist die nachfolgende italienische Dichtergeneration bis hin zu Dante noch geprägt von den formalen und thematischen Innovationen der Sizilianer. Erst nach mehreren Zwischenstufen findet sich im 14. Jahrhundert mit Petrarca ein Dichter, der die Liebeslyrik der Provenzalen und der Sizilianer inhaltlich überwindet. Doch das ist eine Geschichte, die in die Moderne führt. Es ist jedenfalls voll berechtigt, dass Dante Friedrich und seinen Sohn Manfred, „illustres heroes, Fredericus Cesar et benegenitus eius Manfredus"[56], in seinem Traktat über die Volkssprache ausdrücklich lobt, ein Lob, dem sich in dieser Absolutheit erst mehrere Jahrhunderte später Jacob Burckhardts Bezeichnung des Kaisers als „ersten modernen Menschen auf dem Thron" an die Seite stellen lässt. Oder die kultische Verehrung, die Stefan George und sein Kreis dem Kaiser angedeihen ließen, mit hymnischen Beschreibungen und Gedichten und mit Pilgerfahrten zu seinem Grabmal im Dom von Palermo. Auch Ernst Kantorowicz, der Verfasser der großen, heute ob ihres Pathos seltsam aus der Zeit gefallenen Biographie des Kaisers, stand im April 1924 dort, ehe er zur 700-Jahr-Feier der von diesem 1224 gegründeten Universität Neapel fuhr.[57] Und auch heute noch liegen Blumen am Sarkophag des Kaisers.

---

[54] Vgl. dazu Delle Donne, *Federico II: la condanna della memoria*, 2012, S. 73–101.

[55] Vgl. für das in diese Hinsicht besonders aktive 19. Jahrhundert Jehn, „Un'immagine del sogno tedesco", 2001.

[56] Dante, *De vulgari eloquentia*, 1983, I, xii, 4.

[57] Vgl. Karlauf, *Stefan George*, 2007, S. 549–562. Auch der ästhetisch eindrucksvolle Bildband *Hohenstaufenburgen in Süditalien* des bekannten Photographen Albert Renger-Patzsch, publiziert 1961, also fast drei Jahrzehnte nach dem Tode Stefan Georges, stammt noch aus diesem „Kreis ohne Meister" (vgl. Raulff, *Kreis ohne Meister*, S. 356 ff.).

Dolze meo drudo, e vátende!

Diesem Lied, dessen Situation an die Tagelieder der provenzalischen Trobadors und an die Wechsel der deutschen Minnesänger erinnert, beide beherrscht vom Schmerz der Trennung oder des Getrenntseins der Liebenden, wird eine große Nähe zum deutschen Minnesang nachgesagt. Schon Heinrich VI. sang davon (*Rîtest du nu hinnen*; s. o.) und vor ihm schon Dietmar von Aist, der wie Heinrich VI. dem donauländischen Minnesang zugerechnet wird. Er gibt um 1170 im ältesten (!) deutschen Tagelied der Frau das Wort:

> Diu frouwe begunde weinen:
> „Du rîtest hinnen und lâst mich eine.
> Wenne wilt du wider her zuo mir?
> Owê, du füerest mîne fröide sant dir!"[58]

Ob Friedrich dieses Lied („Slâfest du, friedel ziere?") kannte? Zumindest kannte er die Minnesänger von seinen Deutschlandreisen, vielleicht haben ihn sogar einige von ihnen bis nach Sizilien begleitet. Das vorliegende Gedicht, in schlichten Achtsilbern mit dem Reimschema *ababcddc* gehalten[59], spricht den Leser vor allem durch die Authentizität der Gefühle an, die bei allem Schmerz in der Versicherung der gegenseitigen Treue etwas durchaus Tröstliches haben.

Die Abfolge der beiden Stimmen lässt sich nicht ganz zweifelsfrei festlegen. Eine geregelte Alternativfolge ist wegen der ersten beiden Strophen, die wohl beide der Frauenstimme zuzuschreiben sind, auszuschließen. Die drei folgenden Strophen werden dagegen von der Forschung überwiegend der männlichen Stimme zugewiesen, auch wenn das zweimalig „Dolze mia donna" zu Beginn der Strophen III und V vermuten lassen könnte, dass die Strophe IV der so in Strophe V erneut apostrophierten Dame gehört. Schwer zu deuten ist auch der Wechsel vom „tu" zum „voi" in den beiden letzten Strophen. Thema ist die Trennung, die den Mann in ein fremdes Land führt, in die „dolze Toscana" (v. 15), eine Wertung, die die Frau, die man sich in Apulien oder Sizilien vorstellen muß, nicht ohne Bitterkeit vornimmt. Denn, so bekennt sie (wenn ihr denn die Strophe IV gehört), die Liebe zu ihm und die Sehnsucht haben sie so sehr in ihrer Gewalt (v. 26 „segnoria" und v. 31 „balia"), dass ihr im Vergleich mit einem Leben ohne den Geliebten sogar der Tod süß erscheint.

---

[58] *Deutsche Lyrik des frühen und hohen Mittelalters*, 2005, S. 82 (Strophe 3).
[59] Die oft nicht streng beachteten Reime, so etwa schon in der ersten Strophe „vaténde/ mene", „t'acomando/rimagno", „vedere/guerire", sind typisch für die *Scuola siciliana*. Sie lassen sich auf die Herkunft der ‚toskanisierten' Texte aus der sizilianischen Volkssprache zurückführen, aber auch auf die oft stark variierenden Versionen der Manuskripte. Es ist übrigens das einzige Lied der *Scuola siciliana*, zu dem eine Melodie überliefert ist, allerdings wohl erst vom Ende des 14. Jahrhunderts (Pirotta, *Musica fra Medioevo e Rinascimento*, 1984, S. 143–151).

Auch der Liebhaber ist einer ungenannten Macht ausgeliefert und muss ihr gehorchen. Es ist die Pflicht, der er als Herrscher folgen muss. Person und Amt geraten miteinander in Konflikt, denn auch für ihn gilt (wenn die Strophe IV ihm gehört), dass ihn die Liebe in ihrer Gewalt hat (v. 25 und 31; s. o.), eine Situation, die schon sein Vater, Kaiser Heinrich VI., zur Sprache gebracht hat (*Ich grüeze mit gesange die süezen*), allerdings ohne Konflikt.[60] Doch bei den Liebenden überwiegt die Angst, einander zu verlieren, und deshalb versichern sie einander ihrer Liebe.

---

[60] Zur Identität dieses Konflikts bei Heinrich VI. und Friedrich II. vgl. Neumeister, „Herrschermacht und Liebesdienst", 2005.

Kaiser Friedrich II.: *Dolze meo drudo, e vátende!*

Dolze meo drudo, e vaténde

1 – „Dolze meo drudo, e vaténde!
Meo sire, a Deo t'acomando:
   ché ti diparti da mene,
ed io tapina rimagno.
   Lassa, la vita m'è noia,   5
dolz'è la morte – a vedere
ch'io nom pensai mai guerire –,
menbrando me fuor di noia.

2 – Membrandome che te n' vai,
lo cor mi mena gran guerra;   10
   di ciò che più disïai,
'l mi tolle lontana terra.
   Or se ne va lo mio amore,
ch'io sovra gli altri l'amava:
biasmomi, dolze Toscana,   15
che mi diparte lo core."

3 – „Dolce mia donna, lo gire
nonn è per mia volontate:
   ché mi convene ubidire
quelli che m'à 'm potestate.   20
   Or ti comforta s'io vado,
e già nom ti dismagare,
ca per null'altra d'amare,
amor, te nom faleragio."

4 – „Vostro amor è che mi tène,   25
ed àmi in sua segnoria:
   ca leal-mente m'avene
d'amar voi sanza falsia.
   Di me vi sia rimembranza:
mi no[n] agiate 'n obria,   30
c'aveste in vostra balia
tuta la mia disïanza."

5 – „Dolze mia donna, 'l commiato
domando sanza tenore;
   che vi sia racomandato,   35
ché con voi rimà' 'l mio core:
   cotal è la 'namoranza
degli amorosi piaceri,
che non mi posso partire
da voï, donna, i·lleanza."   40

Edition: Federico II di Svevia: *Rime* a cura di Letterio Cassata e Luigi Spagnolo. Roma: Edizioni Nuova Cultura 2008, S. 3–16.

Kaiser Friedrich II.: *Dolze meo drudo, e vátende!* 47

Mein holder Geliebter, so gehe denn

    1 – [Sie]: „Mein holder Geliebter, so gehe denn,
mein Gebieter, sei Gott befohlen!
    Denn du gehst von mir
und ich Elende bleibe zurück.
    Ich Unglückliche! Das Leben ist mir eine Qual,   5
süß ist der Tod
– denn ich meinte, nie mehr zu gesunden –,
wenn ich mir vorstelle, ohne Qual zu sein.

    2 – Wenn ich mir vorstelle, dass Du fortgehst,
empört sich mein Herz.   10
    Das, was ich am meisten begehrte,
nimmt mir ein fernes Land.
    Nun geht mein Liebster fort,
den ich mehr als alle anderen liebte:
Ich beklage mich, süße Toskana,   15
denn du zerreißt mir das Herz."

    3 – [Er]: „Meine süße Herrin, ich gehe
nicht aus freiem Willen,
    denn ich muss dem gehorchen,
der mich in seiner Gewalt hat.   20
    Nun beruhige dich, wenn ich gehe,
und beunruhige Dich nicht,
denn wegen keiner anderen,
Geliebte, werde ich Dich verlassen."

    4 – [Sie?]: „Eure Liebe ist es, die mich hält   25
und mich in ihrer Gewalt hat,
    denn es geschieht mir zu Recht,
dass ich Euch ohne Falsch liebe.
    Erinnert Euch meiner,
vergesst mich nicht,   30
denn Ihr hattet in Eurer Gewalt
mein ganzes Verlangen."

    5 – [Er]: „Meine süße Herrin, den Abschied
erbitte ich ohne Verzug;
    mein Herz sei Euch anempfohlen,   35
denn es bleibt bei Euch.
    So stark ist die Verführung
der Liebesgedanken,
dass ich Euch, Herrin,
wahrlich nicht verlassen kann."   40

De la mia disïanza

Ein verwirrendes Lied, das Anlass zu vielerlei Deutungen und Überlegungen gibt. Die Interpretation ist nicht einfach. Sie setzt zunächst die Entscheidung der Herausgeber für eine bestimmte Textversion unter mehreren Möglichkeiten voraus und ist davon abhängig. Betrachtet man dann das Lied auf dieser an sich schon unsicheren Basis, so erstaunt, wie sehr es sich in seiner Haltung von den anderen als gesichert geltenden Kompositionen des Kaisers unterscheidet. Denn hier erleben wir keinen seiner Dame bedingungslos ergebenen Verehrer, sondern einen hochgradig beunruhigten Mann zwischen Wunsch und Wirklichkeit, zwischen Sehnsucht und Erfüllung. Die perfekten, durch Wortidentitäten verbundenen Strophen bieten in ihrer von Binnenreimen durchwirkten Textur dafür einen äußerlich festen, aber im Innern der fünf Strophen stark bewegten Rahmen.

Die Situation ist bestimmt von dieser Spannung und setzt den Liebenden einem ständigen Wechselbad der Gefühle aus:

> Ma tanto m'asicura
> lo suo viso amoroso
> e lo gioioso riso e lo sguardare,
> e lo parlar di quella crïatura
> che per paura mi face penare (Strophe III).

Die Feinde und Störenfriede – *mala gente* (v. 15), *ria gente* (v. 31), *inizadore* (v. 43) – bedrohen wie der *lauzengier* der provenzalischen Trobadorlyrik das Glück des Liebespaares, nähren jedoch auch ungeahnt starke Zweifel an der Standhaftigkeit der Geliebten (Strophe IV und V). Denn die Angst vor den äußeren Feinden in der zweiten Strophe ergreift schnell auch das affektive Verhältnis des Liebenden zu seiner Dame und raubt ihm den Frieden. Mit der am Beginn des Liedes geäußerten Gewissheit einer baldigen Erfüllung der Sehnsucht ist es also nicht weit her. Das Lied zeichnet nicht, wie eigentlich zu erwarten wäre, das Bild der Geliebten, „la fiore d'ogne fiore" (v. 40) nach den Normen der höfischen Liebe, sondern bietet eine fast schon psychoanalytisch deutbare Innenansicht des Liebhabers von seltener Intensivität. Letterio Cassata, der Herausgeber der maßgebenden kritischen Edition der Gedichte Friedrichs II., bezeichnet das Gedicht als das wichtigste im Œuvre des Kaisers („il componimento di gran lunga più significativo"), weil in ihm die Bedeutung einer naturgegebenen und völlig sündenfreien Einheit von Körper und Geist für die Liebe aufscheine. Der Philosoph Giorgio Agamben hat in seinem inspirierenden Buch *Stanze* diese Einheit als eine beide Pole erfassende Erfahrung beschrieben:

Il n'y a pas *deux amours* (l'amour-contemplation et l'amour-concupiscence), mais *une unique expérience amoureuse*, qui est tout à la fois contemplation (en tant que *cogitatio* obsessionelle du fantasme intérieure) et concupiscence (dans la mesure où le désir a pour origine et pour objet immédiat le fantasme: „phantasia ea est, quae totum parit desiderium", comme dit Jean de Gerson).[61]

Cassata erinnert in diesem Zusammenhang an die mögliche arabische Herkunft der Vorstellung einer Einheit von Körper und Geist und an den Schotten Michael Scotus, den der auch selbst mehrsprachige Friedrich aus der berühmten, von Alfons dem Weisen (1221–1284) gegründeten Übersetzerschule von Toledo nach Palermo geholt hatte. Hier übersetzte er im Auftrag des Kaisers Aristoteles, Averroes und Avicenna aus dem Arabischen ins Lateinische, so von letzterem eine tierphysiologische Schrift.[62] Und Cassata weist mit Agamben voraus auf den Florentiner Dichter Guido Cavalcanti (ca. 1255–1300), der in seiner Kanzone *Donna me prega* eine fast schon ‚moderne' Liebestheorie entwickelt hat.[63] Friedrich steht, wie sich zeigt, mit seinem Gedicht in einem weitgespannten Netz interkultureller Einflüsse. Besonders das arabische Substrat der *Scuola siciliana* darf angesichts von deren Eigenständigkeit im Vergleich zur nordeuropäischen Liebeslyrik nicht unterschätzt werden. Das vorliegende Gedicht könnte dafür bei aller höfischen Glättung ein Beispiel sein.

---

[61] Agamben, *Stanze*, 1994, S. 177.
[62] Federico II di Svevia, *Rime*, 2008, S. XLIII–XLV, bes. Anm. 15; vgl. Allegretto, „Figura amoris", 1980.
[63] Vgl. Fenzi, *La canzone d'amore*, 1999.

De la mia disïanza

   1 – De la mia disïanza,
c'ò penata ad avere,
mi fa sbaldire,   poi ch'i' n'ò ragione,
   che m'à data fermanza
com'io possa compiére   5
[lo meo volere] senza ogne cagione
   a la stagion   ch'io l'averò: possanza
senza fallanza   voglià' 'n le persone
per cui cagione   facciamo membranza.

   2 – A tutora membrando   10
de lo dolze diletto
ched io aspetto,   sonne alegro e gaudente.
   Vaio tanto tardando,
ché paura mi metto
ed ò sospetto   de la mala gente   15
   che per neiente   vanno disturbando
e rampognando   chi ama leal-mente:
ond'io sovente   vado sospirando.

   3 – Sospiro e sto·rancura:
ch'io son sì disïoso   20
e pauroso   mi face penare.
   Ma tanto m'asicura
lo suo viso amoroso
e lo gioioso   riso e lo sguardare,
   e lo parlar   di quella crïatura   25
che per paura   mi face penare
e dimorare: tant'è fine e pura.

   4 – Tanto è ssagia e cortese,
no credo che pensasse
né distornasse   di che m'à 'mpromiso.   30
   Da la ria gente aprese
da lor nom si stornasse,
che mi tornasse   a danno, chi gli à 'feso.
   E ben mi à miso [in pene, po' sorise
E ben mi mise]   in foco: ciò m'è aviso,   35
che lo bel viso   lo cor m'adivise.

   5 – Diviso m'à lo core,
e lo corpo à 'm ballia;
e tienmi e lïa   forte incatenato.
   La fiore d'ogne fiore   40
prego per cortesia
che più nom sia   lo suo detto fallato
   né disturbato   per inizadore,
né suo valore   nom sia menovato
né rabassato   per altro amadore.   45

Edition: Federico II di Svevia: *Rime* a cura di Letterio Cassata e Luigi Spagnolo. Roma: Edizioni Nuova Cultura 2008, S. 17–31.

Über mein Sehnsuchtsziel

1 – Über mein Sehnsuchtsziel,
für dessen Gewinn ich gelitten habe,
freue ich mich, denn ich habe Grund dazu,
   hat sie mir doch zugesichert,
dass ich [mein Begehren]   5
ohne Vorbehalt befriedigen kann,
   sobald ich sie in Besitz habe.
Uneingeschränkte Macht wollen wir über diejenigen haben,
für die wir uns verzehren.

2 – Immer in Gedanken   10
an den süßen Genuss,
den ich ersehne, bin ich heiter und froh.
   Ich zögere nur,
weil ich Angst bekomme
und die Böswilligen fürchte,   15
   die grundlos den rechtmäßig Liebenden
behindern und tadeln.
Deshalb seufze ich oft.

3 – Ich seufze und leide:
Dass ich so voller Begehren   20
und Angst bin, schmerzt mich.
   Doch Mut machen mir
ihr liebevolles Gesicht
und das freudige Lachen und die Blicke
   und das Sprechen dieses Geschöpfs,   25
sodass es mich vor Angst leiden und zögern lässt:
So fein und rein ist sie.

4 – So weise und höfisch ist sie,
dass ich nicht glaube, dass sie überdenken könnte
und zurücknehmen, was sie mir versprochen hat.   30
   Bei den Böswilligen hat sie gelernt,
sich nicht von ihnen dazu verleiten zu lassen,
mich spüren zu lassen, was andere ihr angetan haben.
   Und sie hat mich [in Not versetzt, als sie lächelte
und mich entflammte]. Mir scheint,   35
dass mir das schöne Gesicht das Herz brach.

5 – Gebrochen hat sie mir das Herz
und meinen Körper in ihrer Gewalt
und hält und bindet mich fest in Ketten.
   Die Blume aller Blumen   40
bitte ich in aller Form,
dass ihr Wort nicht länger verfälscht werde
   und verwirrt von einem Störenfried
und dass ihr Wert nicht verringert werde
und herabgesetzt durch einen anderen Verehrer.   45

Misura, providenza e meritanza

Das kürzeste der drei von den Herausgebern Letterio Cassata und Luigi Spagnolo mit Sicherheit dem Kaiser zugeschriebenen Gedichte hat die größte Aufmerksamkeit gefunden und dies nicht ohne Grund. In der schlichten, von den Mitgliedern der sizilianischen Dichterschule, insbesondere Giacomo da Lentini geschaffenen Gattung des Sonetts formuliert Friedrich hier eine Art moralischer Regierungserklärung in poetischer Form, zweifellos eine außergewöhnliche Art und Weise, sich als Herrscher zu äußern.[64] Die drei Leitwerte dieses Programms werden schon in der ersten Zeile genannt: (Rechtes) Maß, Vorausschau und Verdienst. Sie machen den Menschen weise und wissend. Jede Art von Adel ist dabei förderlich und jeder Reichtum macht klug. Großer Reichtum ist jedoch zugleich keine Garantie für edles Wesen, sondern nur maßvolles Verhalten. Woran Friedrich die Warnung anschließt, dass, wenn höfisches Wesen nicht tägliche Norm sei, Hochmut vor dem Fall komme.

Das Gedicht bietet schon von seinem Anspruch her, aber auch ganz schlicht als solches die seltene Chance, ein Gedicht der sizilianischen *Curia magna* biographisch zu positionieren. Es könnte – so wenigstens argumentiert Angelo Monteverdi[65] – Teil einer Tenzone, also eines Sonettwechsels mit dem eigenen Sohn Heinz (Re Enzo) gewesen sein, zelebriert in glücklicheren Tagen, vor dessen Gefangennahme durch die Bologneser Truppen 1249. Die Warnung des Vaters vor dem Hochmut angesichts der Wechselfälle des Lebens fände demnach ein Echo in Enzos Gedicht *Tempo venne* (s. u.), das ebenfalls das Auf und Ab des Schicksals zum Thema hat. Vater und Sohn führen dieser Deutung zufolge einen Dialog in poetischer Form vor dem ausgewählten Publikum am Hofe des Kaisers und vor der Runde der Hofdichter. Dass es so etwas gegeben haben könnte, dafür könnte man einen anonymen Brief an zwei Autoren der *Scuola Siciliana*, Piero della Vigna und Taddeo di Sessa, anführen, in dem von einem unterhaltsamen (!) Streit über die Frage die Rede ist, ob Familienadel oder Rechtschaffenheit höher einzuschätzen sei: „In scolis nostris jocoso quodam incidente litigio, de nobilitate generis et animi probitate facta est contentio quae illarum videretur esse major."[66]

---

[64] Die Wahl des Sonetts für gerade diesen Inhalt könnte Teil der Botschaft des Kaisers sein, stehen doch die vierzehn Elfsilber des italienischen Sonetts mit dem goldenen Schnitt, der Quadratur des Kreises und dem in der staufischen Architektur mehrfach vorkommenden Achteck in enger Verbindung (vgl. Wilhelm Pötters, *Nascita del sonetto*, Ravenna 1998, z. B. S. 83–89). Denn diese symbolträchtige Figur ist für Friedrich seit seiner (zweiten) Krönung zum römisch-deutschen König 1215 in der ebenfalls achteckigen Kapelle der Kaiserpfalz zu Aachen von zentraler Bedeutung, zweifellos am Erhabensten verkörpert im apulischen Castel del Monte (vgl. dazu z. B. Tavolaro, *Federico II di Svevia e Leonardo Fibonacci da Pisa*, 1993). Auch das mögliche Antwortsonett von König Heinz (Re Enzo, s. u.) ist unter diesem Aspekt zu sehen.

[65] Angelo Monteverdi, „L'opera poetica di Federico II imperatore", 1951, S. 16.

[66] Zitiert in Federico di Svevia, *Rime*, 2008, S. 32–33.

Die in Friedrichs Sonett hervorgehobene Position der *misura* findet ein frühes Echo im sogenannten *Novellino*, einer Sammlung von Erzählungen vom Anfang des 14. Jahrhunderts, in der der Kaiser den Abgesandten eines indischen Fürsten auf deren Frage, was das Beste auf Erden sei, zur Antwort gibt: „Sagt eurem Herrn, das kostbarste Ding auf dieser Welt ist das rechte Maß." (*Von der reichen Gesandtschaft, welche der Priester Johannes zum edlen Kaiser Friedrich schickte*).[67] Und Walther von der Vogelweide preist sie wie die provenzalischen Trobadors schon hundert Jahre zuvor: „Aller werdekeit ein füegerinne / daz sit ir zeware, frowe Maze." (MF 14, 1–2)[68]

Die Botschaft des Sonetts hat im übrigen einige Diskussion ausgelöst. Insbesondere hat kein Geringerer als Dante dem Kaiser mit mehrfacher Nennung des Namens widersprochen. In seinem Traktat *Convivio* (*Gastmahl*), entstanden zwischen 1304 und 1306, nimmt er ausführlich Bezug auf Friedrich. Er wirft ihm u. a. vor, mit seiner Definition des edlen Wesens (*gentilezza*) zu irren, wenn er behaupte, der Reichtum der Vorfahren (*generositas proavorum*) verschaffe *nobilitas*,

> ché le divizie, sì come si crede,
> non posson gentilezza dar né tòrre,
> però che vili son da lor natura. (IV, iii, 49–51)

> (denn die Schätze können nicht,
> wie man glaubt, Höfischkeit geben oder nehmen,
> denn niederträchtig sind sie von ihrer Natur aus.)

In seinem späteren Traktat *De Monarchia*, entstanden zwischen 1312 und 1320, vertritt er dann aber unter Berufung auf Aristoteles und Juvenal doch dieselbe Meinung wie Friedrich in seinem Sonett, dass nämlich Tugend und alter Reichtum Adel konstituieren: „Est enim nobilitas virtus et divitie antiquae, iuxta Phylosophum in *Politicis*." (II, iii, 4) Es gibt verschiedene Versuche, diesen Widerspruch aufzulösen. Am ehesten leuchtet noch die Deutung von Letterio Cassata ein, dass Dante seine Ansicht noch in Unkenntnis des Gedichts von Kaiser Friedrich formuliert und seine Ansicht in der späteren Abhandlung revidiert habe.[69] Wir hätten es hier jedenfalls mit einer ganz außergewöhnlichen ‚Regierungserklärung' zu tun.

---

[67] *Il Novellino*, 1988, S. 19 (Novelle II). Zum Bild, das sich die Untertanen Kaiser Friedrichs von ihrem Herrscher und seinem Selbstverständnis als Souverän machten, vgl. man auch die Novellen XXIV, XLVIII und XC, ebd.

[68] Zur *mâze* im mittelhochdeutschen Minnesang vgl. Ehrismann, *Ehre und Mut*, 1995, S. 128–136.

[69] Federico di Svevia, *Rime*, 2001, S. 38–39). Stefano Rapisarda hält dagegen in seiner Edition des Gedichts diese Annahme für überflüssig (*I poeti della Scuola Siciliana*, Bd. II, 2008, S. 489) und auch Cassata geht 2008 eher von einer Aristoteles-Lektüre Dantes aus (ed. cit., S. 32).

Misura, providenza e meritanza

 Misura, providentia e meritanza
fa l'uomo esser sagio e conoscente,
e d'ogni nobiltà l'om si n'avanza,
e ciascuna richeza fa prudente.

 Né di richeze aver grande abundanza
faria l'uomo ch'è vile esser valente,
ma de perordinata costumanza
discende gentileza fra le gente.

 Homo ch'è posto in alto signoragio
e in richeze abunda, tosto scende,
credendo fermo stare in signoria.

 Unde non salti troppo, homo ch'è sagio,
per grande alteze che ventura prende,
ma tutora mantegna cortesia.

Edition: Federico di Svevia, *Rime*, a cura di Letterio Cassata e Luigi Spagnolo. Rom: Edizioni Nuova Cultura 2008, S. 32–37.

Maß, Vorausschau und Verdienst

 Maß, Vorausschau und Verdienst
machen weise und wissend,
und man gewinnt dadurch jede Art von Adel
und jeder Reichtum macht klug.

 Nicht Reichtum im Überfluss
macht den gemeinen Mann tüchtig,
sondern aus gesittetem Benehmen
entspringt Liebenswürdigkeit unter den Menschen.

 Wer in hoher Stellung herrscht
und im Überfluss reich ist, steigt schnell ab,
wenn er glaubt, seiner Herrschaft sicher zu sein.

 Deshalb freue sich, wer weise ist, nicht zu sehr,
welche Höhen sein Glück auch erreiche,
sondern bewahre immer höfisches Wesen.

Kaiser Friedrich II.: *Misura, providenza e meritanza*

Poi c'a voi piace, amore

Anders als Stefano Rapisarda[70] zählen Letterio Cassata und Luigi Spagnolo in ihrer Ausgabe der Dichtungen von Kaiser Friedrich dieses Lied zusammen mit *Oi llasso, non pensai* und *Per la fera menbranza* zu den drei Texten, die dem Kaiser nicht eindeutig zugeschrieben werden können. Es fragt sich, ob solche Skepsis wirklich angebracht ist. Denn fünf Manuskripte geben als Autor der Strophen I bis III den „Imperadore Federigo" an und das Manuskript Ch des Vatikans, das ebenso wie zwei weitere Manuskripte alle fünf Strophen des Liedes enthält, spendiert, wie Furio Brugnolo feststellt, dem Text als einzigem zusammen mit vier großen Klassikern der altitalienischen Lyrik – Guinizzelli, Cavalcanti, Cino da Pistoia und Dante – eine prächtige Initiale.[71] Wir dürfen das Lied also mit großer Wahrscheinlichkeit vielleicht doch Friedrich zuschreiben. Ein Liebeslied, das ein wenig wie aus provenzalischen Vorbildern zusammengesetzt wirkt. Der Kaiser, wenn er denn der Verfasser des Liedes ist, zeigt auch hier seine Fähigkeit, den formalen Vorgaben zu entsprechen, die ihm Trobadors und Minnesänger auferlegen. Bemerkenswert ist dabei, dass die Strophen jeweils 14 Verse haben. Das ist zwar noch kein Sonett, das sich in vier Strophen präsentiert[72], und auch das Reimschema *abcd abcd eff dgg* entspricht noch nicht den Mustern, die sich seit Giacomo da Lentini für das Sonett herausbilden, doch die Struktur der Gattung kündigt sich bereits an. Binnenreime, die den vorletzten Vers jeder Strophe an den vorhergehenden binden (Vers 12/13, 26/27, 40/41, 54/55, 68/69) und die Weitergabe des Gesprächsfaden vom letzten Vers jeder Strophe zum ersten der nächsten durch eine Wortwiederholung – II/II:„s'inchina/S'io inchino"; II/III: „valore/valor"; „merzede/merze" sowie IV/V: „merzede/merzé" – vervollständigen das Bild hoher formaler Könnerschaft. Umso mehr fällt auf, dass diese Anbindung zwischen den Strophen III und IV fehlt: Sollte hier ein anderer Autor tätig gewesen sein? Die Tatsache, dass eine solche Weiterleitung beim Übergang von Strophe III zu IV fehlt, ist wie die Manuskriptlage geeignet, Skepsis hinsichtlich der Authentizität der letzten beiden Strophen zu wecken. Ein raffiniertes Gebilde jedenfalls, das hohes Können belegt.

Inhaltlich fällt auf, wie oft hier die Schönheit der Dame gelobt wird:

> E veio li sembianti
> di voi, chiarita spera, (v.23/24)
>
> ché tanto bella sete!
> Secondo mia credenza
> Nonnè donna che sia
> Alta sì, bella pare, (v. 33–36)

---

[70] Edition: *I poeti della Scuola Siciliana*, Bd. I, 2008, S. 466–479.
[71] Brugnolo, „Il libro di poesia nel Trecento", 1989, S. 16.
[72] Das Sonett wurde ohnehin in den Anfängen ohne Strophenunterteilung geschrieben, wie die Abbildungen in Weinmann, *Sonett-Idealität und Sonett-Realität*, 1989, zeigen.

la vostra cera humana
mi dà conforto (v. 39/40)

vostra bella fazone (v. 48)

A l[o] sole riguardo
lo vostro bello viso (v. 51/52)

la vostra dolze vista (v. 65)

Es liegt nahe, hier an die Übereinstimmung von äußerer und innerer Schönheit, also an die Sichtbarkeit der inneren Werte zu denken, von der das Mittelalter überzeugt war. Vielleicht also schlägt die immer erneut gelobte Schönheit der Dame den Liebenden nur deshalb so in den Bann (v.68/69), weil diese Schönheit mit ihrer beeindruckenden Persönlichkeit im Einklang steht und die Hoffnung auf ihre Gunst, von der angeblich das Glück des Sängers abhängt, auch wertbezogen zu verstehen ist. Vor allem aber entspricht diese Beschreibung ganz der zeitgenössischen Theorie, dass die Liebe durch den Anblick der Person entsteht: „Amor est passio quaedam innata procedens ex visione et immoderata cogitatione formae alterius sexus." (Andreas Capellanus)[73] Zumindest können wir davon ausgehen, dass hier nicht von einer bestimmten Person die Rede ist, sondern dass wir es hier mit vorgegebenen poetischen Formeln zu tun haben. Wir dürfen an die Gedichte der sizilianischen Dichterschule nicht mit den Maßstäben einer romantischer Gefühlslyrik herangehen. Zu vermuten ist vielmehr auch hier wieder, dass der Kaiser sein Lied oder zumindest die ersten drei Strophen vor einem fachkundigen Publikum vorgetragen hat, eine formal gelungene Talentprobe.

---

[73] Andreas Capellanus, *De amore libri tres*, I, 1 („Quid sit amor"). S. o. *De la mia disianza*. Zu den mittelalterlichen Liebestheorien vgl. die kommentierte Anthologie *Amours plurielles*, 2006.

Poi c'a voi piace, amore

1 – Poi ca voi piace, amore,
che eo degia trovare,
farònde mia possanza
ch'io vegna a compimento.
   Dat'agio lo meo core 5
in voi, madonna, amare,
e tuta mia speranza
in vostro piacimento;
   e no mi partiragio;
da voi, donna valente, 10
ch'eo v'amo dolze-mente,
   e piace a voi ch'eo agia intendimento.
Valimento mi date, donna fina,
ché lo meo core adesso voi si 'inchina.

2 – S'io inchino, ragione agio, 15
di sì amoroso bene:
ca spero, in voi sperando,
c'ancora deio avere
   allegro meo coragio,
e tuta la mia spene 20
fui dato in voi amando
ed in vostro volere.
   E veio li sembianti
di voi, chiarita spera,
ca spero gioia intera, 25
   ed ò fidanza ne lo meo servire,
e di piacere   a voi, che siete fiore
sovra l'altre, e avete più valore.

3 – Valor sor l'altre avete,
e tuta caunoscenza, 30
ca null'om non poria
vostro presio contare:
   ché tanto bella sete!
Secondo mia credenza
nonn è donna che sia 35
alta sì, bella pare,
   né c'agia insegnamento
'nver' voi, donna sovrana.
La vostra cera humana
   mi dà conforto, e facemi allegrare: 40
e s'eo pregiar   vi posso, donna mia,
più conto mi ne tegno tutavia.

Kaiser Friedrich II.: *Poi c'a voi piace, amore* 59

Da es Euch gefällt, Amor

1 – Da es Euch gefällt, Amor,
dass ich ein Lied singe,
werde ich mein Mögliches tun,
dass ich es vollbringe.
    Ich habe meine Herz darauf gerichtet,   5
Euch, o Herrin, zu lieben,
und all mein Hoffen darauf,
Euch zu gefallen.
    Und ich werde mich nicht trennen,
von Euch, edle Herrin,   10
denn ich liebe Euch inniglich,
    und möge es Euch gefallen, dass ich liebe.
Gebt mir Kraft, feine Herrin,
denn mein Herz neigt sich immer Euch zu.

    2 – Wenn ich mich verneige, habe ich allen Grund dazu   15
bei einem solchen Liebesgut,
denn ich hoffe, wenn ich auf Euch hoffe,
dass ich noch immer
    frohgestimmt sein darf,
und all mein Hoffen   20
war darauf gerichtet, Euch zu lieben
und Euch zu willen zu sein.
    Und ich sehe Eure Züge,
leuchtender Stern,
und erhoffe reine Freude   25
    und vertraue auf mein Dienen
und darauf, Euch zu gefallen, die Ihr die Blume
vor allen Frauen seid, mehr wert als sie.

    3 – Ihr habt mehr Wert als die anderen
und alles Wissen,   30
denn niemand
könnte Euren Wert ermessen,
    denn Ihr seid so schön!
Meiner Meinung nach
gibt es keine Frau,   35
die so hochstehend, so schön wäre
    und so viel höfischen Wert hätte,
verglichen mit Euch, erhabene Frau.
Euer gütiges Antlitz
    tröstet mich und macht mich froh   40
und wenn ich Euch preisen kann, feine Frau,
gewinne ich dadurch noch mehr.

4 – A tutor vegio e sento,
ed ònne gra·ragione
c'Amore mi consente   45
voi, gentil crïatura.
   Giamai nonn ò abento,
vostra bella fazone
cotant'à valimenti:
per vo' son fresco ognora.   50
   A l[o] sole riguardo
lo vostro bello viso,
che m'à d'amore priso.
   E tegnol[o]mi in gran bonaventura.
Preio à tutor   chi al buon segnore crede: 55
però son dato a la vostra merzede.

5 – Merzé pietosa agiate
Di meve, gentil cosa,
ché tuto il mio disio
[è fermo in voi intendente],   60
   e certo ben sacciate,
alente più che rosa,
che ciò ch'io più colio
è voi veder sovente,
   la vostra dolze vista   65
a cui sono ublicato,
core e corp'ò donato.
   Alora ch'io vi vidi prima-mente,
mantenente   fui in vostro podere:
ché altra donna mai non voglio avere.   70

Edition: Federico II di Svevia: *Rime* a cura di Letterio Cassata e Luigi Spagnolo. Roma: Edizioni Nuova Cultura 2008, S. 56–72.

4 – Allezeit sehe ich und fühle,
und ich habe allen Grund dazu,
dass mir Amor Euch gönnt, 45
edle Kreatur.
　Nie werde ich Ruhe haben,
Eure Schönheit hat
soviel Macht:
Durch Euch bin immer wach, 50
　Im Schein der Sonne
betrachte ich Euer schönes Gesicht,
das mir die Liebe eingegeben hat,
　und ich halte das für ein großes Glück.
Immer wird belohnt, wer einem guten Herrn glaubt, 55
und deshalb habe ich mich Eurer Gunst anvertraut.

5 – Habt Gnade und Mitleid mit mir,
edles Wesen,
denn all mein Begehren
[ist auf Euch gerichtet] 60
　und Ihr wissen sicher,
schöner Duftende als jede Rose,
dass das, was ich am meisten ersehne,
ist, Euch oft zu sehen,
　Euren süßen Anblick, 65
dem ich verfallen bin
und Herz und Leib überlassen habe.
　Von dem Augenblick an, da ich Euch zum ersten Mal sah,
war ich für immer in Eurer Macht,
denn eine andere Herrin will ich nie haben. 70

Per la fera menbranza

Ein Lied der Trennung und der Erinnerung: Der Liebende ist von der Geliebten getrennt und meditiert über das, was ihm fehlt, und darüber, wie es wäre, wenn er zurückkehren könnte. Der Sprecher schildert diese Situation nicht nur mit den bekannten Topoi des *fin'amor*[74], der Freude („gioia", v. 5, 16, 30, 32), dem Scheitern („fallire", v. 3, 10, 36) und der Trennung („partire", v. 4[75], 5, 8, 32, 34), sondern er wählt für seine Sehnsucht das schöne, aber ungewöhnliche Bild eines Vogels im Käfig, der daraus zu entkommen hofft. Es ist also nicht die Liebe, die ihn gefangen hält, also eigentlich die Geliebte selbst[76], sondern gerade ihre Abwesenheit, der er zu entkommen sucht. Befreiung also nicht von ihr, sondern zu ihr hin.

Auch die „tausend Jahre" (v. 33), als die die Zeit der Trennung von der Geliebten dem Liebenden erscheint, ist ungewöhnlich. Nachweisbar schon im *Alten Testament* (Psalm 89,4), ist dieser Vergleich späteren Dichtern durchaus vertraut, so etwa, wenn Petrarca formuliert: „Ogni giorno mi par più di mill'anni / ch'i' segua la mia fida e cara duce"(*RVF* 357, 1-2). Bei den Sizilianern hingegen kommt er nur noch ein einziges weiteres Mal vor, in der Kanzone *O lasso! non pensai* von Ruggerone da Palermo – ein starkes Argument für die Zuschreibung beider Lieder an den Kaiser als Autor! Allerdings schreibt nur der Renaissancegelehrte Giovan Giorgio Trissino 1529 *Per la fera menbranza* ausdrücklich dem Kaiser zu, und das auch nur, indem er dafür die ersten zehn Verse anführt, während der das Lied im florentinischen Manuskript P vollständig nur anonym überliefert ist. Trissino ließ sich dabei möglicherweise davon leiten oder verführen, dass das Lied dort unmittelbar auf das Lied *Poi che ti piace, amore* folgt, sodass er dessen Zuweisung an Friedrich auch auf das benachbarte *Per la fera menbranza* bezogen haben könnte.

Auch eine Nähe der beiden Strophen – eine Zweiheit, die nur in diesem Exemplar überliefert ist – zur Gattung des Wechsels im mittelhochdeutschen Minnesang, also die Verteilung der beiden Strophen auf eine Frau und einen Mann, bleibt unwahrscheinlich, auch wenn die Kanzone *Dolze meo drudo* und zwei der drei Lieder Kaiser Heinrichs VI. die Struktur eines Wechsels haben (s. o.). Interessanter erscheint, dass die Reimfolge den beiden Strophen eine entfernte Ähnlichkeit mit jeweils einem doppelten Sonett mit regelmäßig eingebauten Binnenreimen hat: abbc(c)d abbc(c)d dee(e)d dee(e)d. Welche Mühe muss es den Verfasser gekostet haben, dieses sorgfältig konstruierte Reimschema mit einer argumentativ sinnvollen Aussage zu kom-

---

[74] Vers 27: „fino amore", der in der Provence geprägte Schlüsselbegriff der höfischen Liebesdoktrin.
[75] So in der Florentiner Handschrift P, der Cassata/Spagnolo in ihrer Ausgabe aber wegen der *lectio* Trissinos (s. u.) nicht folgen.
[76] Es ist im übrigen fraglich, wer mit „lo meo signor" in Vers 7 gemeint ist, die Geliebte, die bei den provenzalischen Trobador häufig männlich bezeichnet wird („mi dons") oder ein entsprechendes *senhal* erhält, ein Feudalherr oder der Liebesgott. In Vers 29 wird die Geliebte dagegen korrekt mit „donna" angesprochen..

binieren! Eine Aussage im übrigen, die auch in der Forschung verschieden interpretiert wurde, ausgelöst durch das Wörtchen „ne" in Vers 26 (davon, dadurch). Im Manuskript steht nämlich eindeutig ein „no(n)"[77] Letterio Cassata ersetzt dieses „no" schon in der ersten Ausgabe der *Rime* von 2001 durch „ne", unter Hinweis auf die häufige Konfusion von e und o in den Manuskripten der Zeit, vor allem aber wegen des besseren Sinns im Kontext: Der Liebende akzeptiert sein Leid und begrüßt es sogar, weil er nur so dem Ideal des *fino amore* (v. 27) entspricht, nicht durch die bloße Bekundung seines Leidens.[78] Sollte er deshalb vielleicht ihrer Rückkehr ihr Ausbleiben vorziehen?

---

[77] *I poeti della Scuola Siciliana*, volume secondo: *Poeti della corte di Federico II*, 2008, S. 482 (Stefano Rapisarda).
[78] Ed. cit., S. 95.

Per la fera menbranza

    1 – Per la fera menbranza
de lo mio gran disio
mala-ment'e' fallio:
ché mi fece partire,
e dipartire   la gran gioia c'avea.   5
    Ma senza dubitanza
lo meo signor sentio,
alor ch'e' mi partio
del mio presio, gradire:
ché fallire   non vol né non poria,   10
e non conporteria
la mia pena, sapesse
che tanto mi stringesse
quanto temesse   de la vita mia.
    Per che si converria   15
Che tal gioia si desse
Che, s'altri l'aprendesse,
dir nol potesse,   ch'el[l]i sofferia.

    2 – Farò come l'ausello
quand'altre lo distene,   20
che vive ne la spene
la quale à ne lo core,
e no more   sperando di canpare;
    e aspectando quello
viveragio con pene,   25
ch'io ne credo aver bene,
tant'è lo fino amore
e 'l grande ardore   c'agio di tornare
a voi, donna d'amare,
di tucto gio' conpita,   30
c'avete la mia vita
di gio' partita   e da ralegrare;
    e mille anni mi pare
che fu la dipartita,
e parmi la redita   35
quasi fallita   per lo disïare.

Edition: Federico di Svevia, *Rime*, a cura di Letterio Cassata e Luigi Spagnolo. Rom: Edizioni Nuova Cultura 2008, S. 73–81.

Kaiser Friedrich II.: *Per la fera menbranza*

Wegen der schmerzlichen Erinnerung

1 – Wegen der schmerzlichen Erinnerung
an mein großes Begehren
bin ich schlimm gescheitert,
denn sie hieß mich gehen
und die große Freude aufgeben, die ich hatte. 5
Doch ohne Zweifel
empfand ich, dass mein Herr,
als ich mich trennte,
mir wohlgesinnt war,
denn mich enttäuschen will sie nicht und könnte es auch nicht 10
und ertrüge es nicht;
sie wüsste um meine Pein,
die mich so sehr quälen würde,
dass sie um mein Leben fürchten müßte.
Deshalb wäre es angebracht, 15
dass mir eine solche Freude gewährt würde,
dass, wenn ein anderer davon erführe,
sie nicht beschreiben könnte, ohne dass er litte.

2 – Ich mache es wie der Vogel,
der, wenn man ihn gefangen hält, 20
in der Hoffnung lebt,
die er im Herzen trägt,
und nicht stirbt, in der Hoffnung, freizukommen.
Und dies erwartend,
lebe ich voller Pein, 25
denn ich glaube, dass das mir gut tut,
so stark ist die hohe Liebe
und so groß der Wunsch, zurückzukehren,
um Euch zu lieben, Herrin,
geschmückt mit allen Freuden, 30
denn ihr habt meinem Leben
die Freude und den Frohsinn genommen
und mir scheint, dass tausend Jahre,
seit der Trennung vergangen sind,
und die Wiederkehr scheint mir 35
durch das Begehren gleichsam unmöglich gemacht.

Donna, lo fino amore

Dem ersten Anschein nach deutet nichts darauf hin, dass dieses Lied Kaiser Friedrich II. zugeschrieben werden könnte. Anonym überliefert allein im Ms. V des Vatikans, ist es als solches zwar in den dritten Band der *I poeti della Scuola siciliana* aufgenommen worden, doch weder im Kapitel „Federico II" des zweiten Bandes noch in der maßgebenden Sammlung der Gedichte des Kaisers von Letterio Cassata und Luigi Spagnolo figuriert es wenigstens unter den möglichen Kandidaten für eine solche Herkunft. Zwar akzentuiert der sog. Kaiser-Topos (vgl. Heinrich VI., *Wol hôher danne rîche*) auch dieses Gedicht, doch er ist hier eindeutig eine Metapher für die absolute Abhängigkeit des Liebenden von seiner Angebeteten, die soweit geht, dass er sich durch diese Liebe erhöht glaubt (v. 9: „magnificato"), dass er ihr dienend zu herrschen glaubt (v. 13: „a chui m'asembra alto regnar servire") und sich durch den Liebesdienst gekrönt sieht (vv. 10/11: „coronato/corona")[79]. Sie dagegen ist unter allen Frauen die Herrscherin (v. 18: „sovrana"), ausgestattet mit allen nur denkbaren Vorzügen.

Und doch hat Joachim Schulze, der beste Kenner der Sizilianer im deutschen Sprachraum, offenbar unbemerkt von den italienischen Herausgebern, schon 1987 vermutet und 2004 wiederholt,[80] dass das Gedicht von Kaiser Friedrich stammen könnte. Das gäbe der Verwendung des Kaiser-Topos natürlich eine ganz andere, rhetorisch explosive Färbung. Schulze beruft sich dafür auf eine Liturgie-Passage („Deus, auctor pacis et amator, quem nosse vivere, cui *servire regnare est,* protege ab omnibus impugnationibus supplices tuos.") und auf eine Stelle im Liebestraktat des Andreas Capellanus aus den frühen 80er Jahren des 12. Jahrhunderts, in dem ein höherstehender Partner zu einer edlen Frau spricht:

> […] liquide mihi constat et est manifestum, quod *vobis servire solum est cunctis in hac vita regnare*, et sine ipso nihil posset ab aliquo in hoc saeculo dignum laudibus adimpleri.[81]
>
> (… mir ist ganz klar und offensichtlich, dass *Euch zu dienen allein in diesem Leben herrschen heißt* und nichts anderes in dieser Welt von jemandem in dieser Welt mit Lob bedacht werden kann.)

Auch auf Kaiser Heinrichs Lied *Ich grüeze mit gesange die süezen* (s. o) weist Schulze hin und auf das Wort „magnificare" (v. 9), das mehrfach in kaiserlichen Urkunden auftaucht, sowie darauf, dass nur der Kaiser selbst sich erlauben konnte, das „alto regnar" und die „alta corona" des Liebesdienstes mit der eigenen Herrschaft zu

---

[79] Der Begriff des Krönens kommt in der Lyrik der Sizilianer sonst nur noch ein einziges weiteres Mal vor (Schulze, „Friedrich", 1987, S. 377 f.).
[80] Ebd., und Schulze, *Amicitia vocalis*, 2004, S. 116–120.
[81] Andreas Capellanus, *De amore libri tres,* 2006, I.vi, G: Loquitur nobilior nobili.

identifizieren. Und schließlich erkennt Schulze in der genauen Untersuchung der metrischen Struktur des Liedes deren fast identische Wiederkehr in zwei anderen Liedern des Kaisers. Demnach könnte es sich um eine sog. Kontrafaktur handeln, d.h. die Übernahme der Melodie eines anderen Liedes desselben Autors.[82] Was zu der essentiellen Frage führt, die dem Aufsatz von 1987 (!) den Titel gegeben hat. „Hat Friedrich II. die Lieder seines Vaters Heinrich VI. gekannt?"[83], die Joachim Schulze auch 2004 noch bejaht wie die nach den Deutschkenntnissen des Kaisers.[84]

---

[82] Schulze, „Friedrich", 1987.
[83] Ebd., S. 384 f.: „Er hat 1235 den Mainzer Reichslandfrieden auf deutsch verkünden lassen und darauf wäre er wohl kaum verfallen, wenn ihm nicht schon während seines achtjährigen Aufenthalts in Deutschland von 1212 bis 1220 aufgegangen wäre, welchen Nutzen ihm die Beherrschung auch der dortigen Landessprache bot."
[84] Vgl. auch Schulze, „Die Sizilianer und der Minnesang", 1989.

Donna, lo fino amore

1 – Donna, lo fino amore
m'a tuto sì compreso
che tuto sono donato a voi amare;
non pò pensare lo core
altro ch'amore aceso 5
e come meglio vi si possa dare.
E certo lo gioioso cominzare
sforza l'amorosa mïa natura,
ond' io mi credo assai magnificato
e 'infra gli amanti in gran gioia coronato. 10

2 – Eo porto alta corona,
poich' eo vi sono servente
a chui m'asembra alto regnar servire,
sì alta gioia mi dona
a voi stare ubidente, 15
pregone voi che 'l degnate gradire.
E vero certamente credo dire,
che 'nfra le donne voi siete sovrana,
d'ogni grazia e di vertù compita,
per cui morire d'amor mi saria vita. 20

3 – Se lingua ciascun membro
del corpo si facesse,
vostre bellezze non porian contare;
ad ogni gioia v'asembro
che dicer si potesse: 25
ciò avete bel che si può divisare.
Molto ci à belle donne e d'alto affare
voi soprastate come il ciel la terra,
che meglio vale aver di voi speranza
che d'altre donne aver ferma certanza. 30

4 – Ancora che sia gravezza
lo tormento d'amore,
malzo ch'abo d'amor m'asembra bene;
e nulla crudelezza
pote pensar lo core 35
che 'n voi aveste, donna, che non s'avene.
Gioco e sollazzo me sostene in pene,
sperando ca venir può la gran gioia:
meglio mi sa per voi mal sostenere
che compimento d'altra gioia avere. 40

Kaiser Friedrich II.: *Donna, lo fino amore*

Herrin, die hohe Liebe

1 – Herrin, die hohe Liebe
hat mich so ergriffen,
dass ich ganz darin aufgehe, Euch zu lieben.
Ich kann mir das Herz
nicht anders als von Liebe entbrannt vorstellen, 5
und wie man sich ihr besser widmen kann.
Und sicher entzündet das freudvolle Beginnen
meine liebende Natur,
wodurch ich mich genügend erhöht glaube
und unter den Liebenden mit großer Freude gekrönt. 10

2 – Ich trage eine hohe Krone,
weil ich Euer Diener bin,
dem Dienen als hohes Herrschen erscheint.
So große Freude bereitet es mir,
in Euren Diensten zu stehen. 15
Ich bitte Euch, das anerkennen zu wollen,
und wahrhaftig glaube ich sagen zu können,
dass Ihr unter den Frauen die Herrscherin seid,
mit aller Anmut und Tugend ausgestattet,
für die aus Liebe zu sterben mir Leben wäre. 20

3 – Selbst wenn jedes Glied des Körpers
zur Sprache würde,
könnten sie Eure Schönheiten nicht aufzählen;
ich vergleiche Euch jeder Freude,
die sich benennen lässt: 25
Ihr habt an Schönem alles, was sich erkennen lässt.
Alle schönen Frauen und von hohem Stand,
überragt Ihr so sehr wie der Himmel die Erde,
sodass es mehr wert ist, auf Euch zu hoffen,
als von anderen Frauen eine sichere Zusage zu haben. 30

4 – Selbst wenn die Liebesqual
ein Leiden wäre,
so erscheint mir das meiner Liebe ein Glück zu sein,
und keine Grausamkeit
kann das Herz sich ausdenken, 35
die Ihr in Euch habt, Herrin, die es nicht gibt.
Spiel und Scherz lassen mich das Leiden ertragen,
in der Hoffnung, dass die große Freude kommen kann:
Besser erscheint mir, Euretwegen Übel zu ertragen
als die Erfüllung anderer Freuden zu haben. 40

5 – Madonna, il mio penare
per fino amor gradisco
pensando ch'è in voi grande conoscenza;
troppo non de' durare
l'affanno che sofrisco,   45
che bon segnor non dà torta sentenza.
Compiutamente è 'n voi tuta valenza,
merito voi siete e morte e vita;
più vertudiosa siete in meritare
ch'io non posso in voi servendo amare.   50

Edition: *I poeti della Scuola siciliana*, Bd. III, S. 661 f.

5 – Herrin, mein Leiden
akzeptiere ich aus hoher Liebe,
weil ich denke, dass in Euch großes Wissen versammelt ist.
Allzulange soll der Zustand nicht dauern,
den ich erdulde, 45
denn ein guter Herrscher spricht kein falsches Urteil.
Vollständig ist in Euch aller Wert,
Ihr vereint Verdienst und Tod und Leben;
Ihr seid tugendhafter
als ich in Eurem Dienst lieben kann. 50

Oi llasso, non pensai

Ein ganz erstaunliches Gedicht, das allein schon deshalb verdient, in die Sammlung der Gedichte des Kaisers aufgenommen zu werden, wenn auch nur unter Vorbehalt, da nur das Manuskript L^b die ersten drei Strophen einem „Rex federigo" zuschreibt, während das Manuskript V des Vatikans den vollständigen Text, d. h. einschließlich der Botenstrophe, Ruggerone da Palermo als Autor zuspricht. Ein echtes Sehnsuchtsgedicht, dessen Intensität sich schon an dem dreimaligen „forte" ablesen lässt, das die ersten drei Strophen einfärbt (Vers 2, 12 und 29), bekräftigt noch durch das Bekenntnis, dass der Mann, der hier spricht, dem Manuskript L^b zufolge also „Rex federigo", so verrückt war („matto"), offenbar wegen dringender Geschäfte die Geliebte zu verlassen. Nun beklagt er die Trennung. Das Lied weist alle Merkmale eines höfischen Liebeslieds auf, das Leiden an der Trennung, das Lob der Geliebten, die Wertlosigkeit aller Gefühle, wenn er nicht bei ihr sein kann („wenn mir Lachen und Scherzen vergällt sind", v. 16). Warum aber bezeichnet er in der letzten Strophe, der Botenstrophe, sein Lied als eine „canzonetta gioiosa" (v. 41)?

Die Botenstrophe ist ein aus der Trobadorlyrik bekanntes Mittel, dem eigenen Lied noch einen persönlichen Kommentar mit auf den Weg zu geben und es zu rechtfertigen. Hier verrät sie gleichsam unbeabsichtigt auch etwas von der Existenzbedingung des höfischen Liedes schlechthin. Denn in ihm läutert sich das vorgebliche Liebesleid und wird zum Gedicht, Liebe und Dichtung gehen eine erlösende Bindung ein. Es muss also kein Widerspruch sein, wenn der Liebende auch im Leid seiner inneren und äußeren Pflicht als Sänger genügt und eine *Canzonetta gioiosa* vorträgt. Der Minnesänger Heinrich von Morungen, der um 1200 lebte (gest. 1222) und vielleicht auch im Dienste der Staufer stand, hat es so gesagt:

> Leitlîche blicke und grôzlîche riuwe
>   hânt mir daz herze und den lîp nâch verlorn.
> Mîn alte nôt die klagte ich vür niuwe,
>   wan daz ich vürhte der schimpfaere zorn.
>   Sínge aber ích dur die,   díu mich vrôwet hie bevorn,
> sô velsche dur got nieman mîne triuwe,
>   wan ich dur sanc bin ze der welte geborn.
>
> Maniger der sprichet: „Nu sehent, wie der singet!
>   Waere ime iht leit, er taete anders danne sô."
> Der mac niht wizzen, waz mich leides twinget.
>   Nu tuon aber ich rehte, als ich tet aldô.
>   Dô ich in leide stuont,   dô huop sî mich gar unhô.
> Diz ist ein nôt, diu mich sanges betwinget.
>   Sorge ist unwert, dâ die liute sint vrô.[85]

---

[85] Morungen, *Lieder*, 1975, S. 78 (Lied Nr. XIII).

(Blicke, die Leid bedeuten, und gewaltiger Schmerz haben mir das Herz und den Leib fast zerstört. Meine alte qualvolle Lage besänge ich klagend aufs neue, fürchtete ich nicht den Hohn der Spötter. Singe ich aber für die, die mich früher froh gestimmt hat, dann möge um Gottes Willen niemand meine Aufrichtigkeit in Frage stellen, denn zum Singen bin ich geboren.
Mancher wird sagen: „Nun seht her, wie der singt! Drückte ihn ein Leid, er verhielte sich anders." Der kann nicht ermessen, welches Leid mich bedrängt. Jetzt mache ich es aber genauso wie damals. Als ich in Schmerz verharrte, da habe ich ihr wenig bedeutet. Das ist die Qual, die mich zum Singen zwingt. Kummer hat dort keinen Wert, wo die Leute fröhlich sind.)

Der Minnesänger ist zum Gesang geboren, sodass auch das Leid dem Minnesänger ein fröhliches Lied eingibt.[86] Und dies auch dann, wenn die Gefühle so stark sind wie hier und der Liebende bei dem Gedanken, die Geliebte gehöre einem anderen, wie Schnee in der Sonne schmilzt und die Tage bis zu einem Wiedersehen mit ihr ihm wie tausend Jahre erscheinen. Die Herausgeber Letterio Cassata und Luigi Spagnolo ziehen wohl auch deshalb in den Versen 37 und 38 der dritten Person („va / faccia") die erste vor („vo / faccio").

Wer aber ist die Dame, die sein Herz gefangen hält? Die Gelehrten haben sich über die Blume aus Syrien in der vierten Strophe den Kopf zerbrochen, zumal von einer Antwort auf diese Frage auch ein wenig abhängt, ob wir das Gedicht dem Kaiser zuschreiben können oder nicht. In einigen Chroniken ist davon die Rede, dass es sich dabei um eine Cousine Anaïs der vierzehnjährigen Isabella (Jolanda) von Brienne handeln könnte, der zweiten Frau von Kaiser Friedrich. Der Kaiser hätte nach dieser Theorie das Gedicht nach dem Tode Isabellas verfasst, auf oder nach dem Kreuzzug, zu dem er 1228 aufbrach. Vers 11 („alles, was ich habe") bezöge sich dann auf das Reich – der schon vom Vater Kaiser Heinrich beklagte Konflikt zwischen Liebe und Macht!

---

[86] Ganz ähnlich argumentiert übrigens sechs Jahrhunderte später Søren Kierkegaard im ersten Satz seines wohl wichtigsten Werkes *Entweder – Oder* (1843):

Was ist ein Dichter? Ein unglücklicher Mensch, der tiefe Qualen in seinem Herzen birgt, dessen Lippen aber so geformt sind, daß, indem der Seufzer und der Schrei über sie ausströmen, sie klingen wie eine schöne Musik. [...] Und die Menschen scharen sich um den Dichter und sagen zu ihm: Singe bald wieder; das heißt, möchten doch neue Leiden deine Seele martern, und möchten doch die Lippen so geformt bleiben wie bisher; denn der Schrei würde uns bloß ängstigen, die Musik aber, die ist lieblich.

Kierkegaard, *Entweder – Oder*, 1965, S. 27. Das ist, wenn man so will, die genaue Beschreibung der vorgeblichen Not, in der die höfischen Sänger der Liebe ihre Stimme erheben. Siehe auch oben das historisch-literarische Profil des Kaisers.

Oi llasso, non pensai

1 – Oi llasso, non pensai
sì forte mi paresse
lo dipartire da madonna mia:
    da poi ch'io m'alontai,
ben paria ch'io morisse, 5
menbrando di sua dolze compagnia;
    e giamai tanta pena non durai,
se non quanto a la nave adimorai.
    Ed or mi credo morir certa-mente,
sed a llei no ritorno presta-mente. 10

2 – Tuto quanto e' avia
sì forte mi dispiace,
che non lassa in posa i·nesun loco;
    sì mi stringe dis[v]ia,
che no posso aver pace, 15
e fami reo parere riso e gioco;
    membrandomi suo' dolze ['n]segnamenti
tuti diporti m'escono di mente;
    e non mi vanto ch'io disdotto sia
se non là ov'è la dolze donna mia. 20

3 – O Deo, como fui matto
quando mi dipartivi
là ov'era stato in tanta degnitate!
    E sì caro l'acatto,
e scioglio come neve, 25
pensando c'altri l'aia in potestate;
    ed a mi pare mille anni la dia
ched io ritorni a voi, madonna mia;
    lo reo pensero sì forte m'atassa,
che rider né giucare non mi lassa. 30

4 – Canzonetta gioiosa,
và ' la fior di Soria,
a quella c'à im pregione lo mio core;
    dì a la più amorosa
ca per sua cortesia 35
si rimembri del süo servidore,
    quelli che per suo amore vo penando
mentre non faccio tuto il suo comando;
    e priegalami per la sua bontate
ch'ella mi degia tener lealtate. 40

Edition: Federico II di Svevia: *Rime* a cura di Letterio Cassata e Luigi Spagnolo. Roma: Edizioni Nuova Cultura 2008, S. 41–53.

Ach, ich dachte nicht

1 – Ach, ich dachte nicht,
dass mir der Abschied von meiner Herrin
so schwer würde.
    Seitdem ich mich entfernte,
wäre es gut, wenn ich stürbe,   5
wenn ich an ihre süße Gegenwart denke.
    Und nie litt ich solche Pein,
außer als ich auf See war.
    Und jetzt glaube ich, dass ich sicher sterben muss,
wenn ich nicht bald zu ihr zurückkehre.   10

2 – Alles, was ich hatte,
missfällt mir so sehr,
dass es mich nirgends Ruhe finden lässt.
    So sehr quält mich das Sehnen,
dass ich nicht Frieden finden kann   15
und mir Lachen und Scherzen vergällt sind.
    Wenn ich an ihre süßen Ansichten denke,
vergesse ich alle Zerstreuungen,
    und ich rühme mich nicht, glücklich zu sein,
wenn ich nicht dort bin, wo meine Herrin ist.   20

3 – O Gott, wie töricht war ich,
als ich von dort schied,
wo ich solche Aufmerksamkeit gefunden hatte!
    Und so teuer büße ich
und schmelze wie Schnee,   25
wenn ich mir vorstelle, ein anderer hätte sie in seiner Gewalt.
    Und der Tag erscheint mir wie tausend Jahre entfernt,
bis ich zu Euch zurückkehre, meine Herrin.
    Der bittere Gedanke vergiftet mich so sehr,
dass er mich weder lachen noch scherzen lässt.   30

4 – Fröhliches Lied,
gehe zu der Blume von Syrien,
zu der, die mein Herz gefangen hält.
    Sage der Heißgeliebten,
sie möge sich in ihrer Großmut   35
ihres Dieners erinnern,
    jenes, der ich wegen meiner Liebe leide,
wenn ich nicht ganz ihrem Befehl folge,
    und bitte sie um ihrer Güte willen,
sie möge mir die Treue halten.   40

Amor voglio blasmare

Ein ungewöhnliches Lied, zweifellos. Es ist ausschließlich anonym überliefert (Ms. V 68) und wird von seinen maßgeblichen Herausgebern unterschiedlich behandelt. Während Letterio Cassata es 2001 zunächst nur bedingt zu den möglichen Texten Kaiser Friedrichs zählt und in der zweiten Auflage von 2008 zusammen mit Luigi Spagnolo in den Anhang verbannt, hat es im zweiten Band der *Poeti della Scuola Siciliana* von 2008 von vornherein nur Recht auf einen Platz unter den Anonyma. Gleichwohl sind es gerade Cassata und Spagnolo, die die Hypothese wagen, dass das Lied seines Inhalts wegen von Friedrich stammen könnte. Und in der Tat: Hier sind es wie in *De la disïanza* die Neider und Verleumder, die das Liebesglück stören und eine zentrale Rolle spielen. Anders als dort aber begnügt sich der Kaiser – wenn er denn der Autor ist – nicht mit der Klage, sondern er droht ihnen mit starken Worten einen schmählichen Tod durch Ertrinken und totales Vergessen an.[87] Und er beschließt das Lied mit sechs Zeilen der Rache, mit einem Tod ohne Gefährten, ohne Begräbnis und in würdeloser Körperhaltung. Wer kann es wagen, so die beiden Herausgeber, im gesetzesstrengen Stauferreich solche ehrlose Todesarten anzudrohen und sogar vorauszusagen (v. 55), verglichen mit denen die formelhaften Verwünschungen der Verräter (*lauzengier*) in der Trobadorlyrik reine Rhetorik sind, wenn nicht allein der Kaiser? Ein Kaiser im übrigen, der bei der Verfolgung und Bestrafung seiner Gegner einschließlich des eigenen Sohns (Heirich VII.) auch in der Realität vor brutaler Gewalt nicht zurückschreckte. Eine kühne These, zweifellos, doch allein die Zughörigkeit zu den Liedern der *Scuola siciliana* und die stilistische Nähe zu *De la disïanza* rechtfertigen eine Beschäftigung mit diesem Lied.

Letterio Cassata hat *De la disïanza* zum wichtigsten Lied des Kaisers erklärt. Man könnte auch sagen, das vorliegende Lied sei sein geheimnisvollstes. Schon der ehrliche Zorn des Liebenden und seine deutlichen Drohungen machen dieses Lied zu einem ganz besonderen Text. Auch die metrischen Form ist auffällig. Das Reimschema *abcd abcd eff dgg* bzw. *abcd abcd eef fgf* mit Binnenreimen jeweils beim Übergang von Vers 12 zu 13 und Vers 13 zu 14 jeder Strophe ist so nur bei den Sizilianern und im mittelhochdeutschen Minnesang belegt (ein weiteres Argument, das für die Autorschaft des Reisekaisers sprechen könnte). Die Verszahl 14 wie auch die Binnengliederung jeder Strophe lassen dagegen an das von Giacomo da Lentini in die Literaturgeschichte eingebrachte Sonett denken, das in den frühen Manuskripten meist nicht in Einzelstrophen, sondern durchgehend geschrieben wurde.[88]

Rücksichten formaler Art hindern den temperamentvollen Sprecher ohnehin nicht daran, die erste Strophe bruchlos in die zweite übergehen zu lassen, so als gäbe es keine Strophengliederung. Das offene Ende von Strophe I könnte ein Signal

---

[87] Die Androhung absoluter Vergänglichkeit in den Versen 47–50 ist wohl biblischer Herkunft, vgl. *Psalmen* 1,4; *Weisheit* 5,15; *Jesaia* 17,13.
[88] Vgl. Weinmann, *Sonett-Idealität und Sonett-Realität*, 1989, und die dort enthaltenen Farbabbildungen früher Manuskripte.

sein: es entspricht dem Verzicht auf die sofortige sexuelle Befriedigung (v. 14 „aver lo megliore"), ein Sprung des als Beispiel angeführten Liebhabers (v. 10: „altro amato") ins Leere, der die Enttäuschung vorwegnimmt, die der Sprecher selbst beklagt. Zunächst jedoch gibt er nicht sich selbst die Schuld. sondern dem Liebesgott Amor. Eine Anklage von zunehmender Schärfe, die in der Minnelyrik schon bei den provenzalischen Trobadors anzutreffen ist, so etwa wenn Folquet de Marselha sich über die Liebe beklagt:

> Ab bel semblan que fals' Amor aduz
> s'atrai vas leis fols amanz e s'atura,
> co·l parpaillos c'a tan folla natura
> que·s fer el foc per la clartat que·i lutz;
> mas eu m'en part e segrai altra via,
> sos mal pagaz, qu'esters no m'en partria;
> e segrai l'aib de tot bon sufridor
> que s'irais fort si com fort s'umelia.[89]

> (Vom schönen Schein, den der falsche Amor erzeugt,
> lässt sich der törichte Liebhaber anziehen und nähert sich
> wie der Schmetterling, der eine ebenso törichte Natur hat,
> sodass er sich ins Feuer stürzt wegen der Helligkeit, die leuchtet.
> Ich aber werde mich entfernen und einem anderen Weg folgen.
> Ich bin schlecht belohnt, wenn ich mich nicht entferne;
> ich werde mich verhalten wie jedes gute Opfer,
> das sich ebenso sehr erzürnt wie es sich erniedrigt.)

Giacomo da Lentini, das Schulhaupt der Sizilianer, greift dieses Bild auf, wenn er eines seiner Sonette beginnen lässt:

> Si como 'l parpaglion ch'à tal natura,
> non si rancura   de ferire al foco,
> m'avete fatto, gentil crëatura,
> non date cura,   s'eo incendo e coco.[90]

> (Dem Schmetterling gleich, der so geartet ist,
> dass er sich nicht scheut, im Feuer zu vergehen,
> habt Ihr mich gemacht, edle Kreatur:
> Ihr gebt nicht Acht, wenn ich anbrenne und verbrenne.)

---

[89] Folquet de Marselha, *Poesie*, 2003, S. 92 (Lied 7, v. 9–16).
[90] *I poeti della Scuola Siciliana. Volume primo: Giacomo da Lentini.* 2008, S. 509 (Lied 33, v. 1–4).

Der Schweizer Minnesänger Rudolf von Fenis, auch er wie die Sizilianer dem Trobador Folquet de Marselha verpflichtet[91], klagt:

> Mir ist als dem, der dâ hât gewant,
> sînen muot an ein spîl und er dâ mite verliuset
> und erz verswert, ze spâte erz doch verkiuset.
> Also hân ich mich ze spât erkant
> der grôzen liste, die diu minne wider mich hâte.
> Mit schœnen gebærden si mich zuo ir brâhte
> Und leitet mich als der bœse geltære tuot,
> der wol geheizet und geltes nie gedâhte.[92]

> (Mir geht es wie dem, der sich
> auf ein Spiel eingelassen hat und dabei verliert
> und ihm abschwört, doch es zu spät aufgibt.
> So habe ich zu spät die vielen Winkelzüge erkannt,
> mit denen die Minne gegen mich spielte.
> Mit ihrer schönen Erscheinung hat sie mich zu sich gelockt
> Und betrügt mich nun wie ein gemeiner Schuldner,
> der immer nur verspricht und nie ans Zahlen geht.)

Oder noch deutlich schärfer Friedrich von Hausen, hochrangiger Ritter und Minnesänger im Dienste Kaiser Friedrichs I. Barbarossa und dann Heinrichs VI.,[93] der ungefähr zur selben Zeit ebenfalls die Minne (Amor) beschimpft:

> Minne, got müeze mich an dir rechen,
> wie vil du mînem herzen der frôiden wendest,
> und möhte ich dir dîn krumbez ouge ûz gestechen,
> des het ich reht, wan du vil lützel endest
> an mir solhe nôt,
> sô mir dîn lîp gebôt.
> Und wærest du tôt,
> sô dûhte ich mich rîche.
> sus muoz ich von dir leben betwungenlîche.[94]

---

[91] Vgl. Folquet de Marselha, *Poesie*, 2003, S. 8–10. Aurelio Roncaglia hat sogar vermutet, wenn auch nicht unbestritten, dass Friedrich II. 1233 ein Manuskript dieses Trobador zum Geschenk gemacht wurde (vgl. ebd., S. 10, Anm. 7).

[92] „Gewan ich ze minnen ie guoten wân", Strophe 2, in: *Deutsche Lyrik des frühen und hohen Mittelalters*, 2005, S. 140–141. Rudolf von Fenis stammt aus Neuenburg am Bieler See, also aus dem Grenzbereich zwischen deutschsprachiger und französischer bzw. provenzalischer Kultur. Nicht zufällig also speist sich die Metaphorik des Liedes aus dem Bildervorrat dreier Lieder des Trobador Folquet de Marselha (vgl. ebd., S. 662–664).

[93] Friedrich von Hausen, *Lieder*, 1984, S. 11–20.

[94] „Wâz mag daz sîn, daz diu werlt heizet minne", ebd., S. 100–101.

(Minne, Gott möge mich an dir rächen,
den Freuden entsprechend, die du meinem Herzen verwehrst,
und könnte ich dir dein scheeles Auge ausstechen,
so hätte ich recht, denn du beendest wohl kaum
bei mir eine solche Not,
wie du sie mir auferlegt hast.
Und wärst du tot,
dann käme ich mir reich vor!
So aber muss ich bedrängt leben durch dich.)

Zurück zu Friedrich II.! Im Übergang von der ersten zur zweiten Strophe, rühmt sich der kaiserliche Sänger, mehr als jeder andere Liebhaber darunter gelitten zu haben, dass er aus Respekt vor der Ehre der Frau auf die (sexuelle) Erfüllung seiner Liebessehnsucht verzichtet habe, eine eigentlich, so sollte man meinen, im Verhaltenscodex der höfischen Liebe erwartbare Haltung.[95] Den zumindest vorläufigen Verlust der Geliebten schreibt er dann aber im Übergang von der vorletzten zur letzten Strophe nicht mehr Amor zu, sondern den Feinden dieser Verbindung, ein schon bei den Sängern der Provence gängiger Topos, und belegt sie mit den oben genannten ehrlosen Strafen. Die Zugehörigkeit des Liedes zur europäischen Minnedoktrin bleibt so gewahrt, auch wenn die Gefühlsaufwallungen des Sprechers kaum noch mit deren Stilkonventionen vereinbar scheinen.

---

[95] Vgl. aber Schnell, *Tod der Liebe durch Erfüllung der Liebe?*, 2018.

Amor voglio blasmare

1 – Amor voglio blasmare
che non m'à dato aiuto
né nesuno comforto.
A! la mia disïanza
   avea, per aquistare 5
voi, donna, che servuto
m'avete. Ond'i' son morto,
se più mi 'ngegna Amanza,
   che m'à così 'nganato,
più che nul altro amato 10
che gioia di donna avesse
se non quan' lui piacesse,
e tenesse,   regendo lo suo aunore
per aver lo megliore,   e non volesse

   2 – sì como non vols'eo – 15
ch'i·parte compimento
aver e' potti gioi
di voï,   donna mia;
   credendo aver lo meo
compiuto placimento 20
– potèndomende – poi,
perde'nde ciò ch'i' avea.
   Così m'è adivenuto
come a l'om c'à dormuto,
che si sogna vedere 25
tuto lo suo volere
e tenere   si pensa ciò che bole,
poi si riveglia e dole   e nom può avere.

   3 – Doglio como perdente
che si pen'a trovare 30
la cosa c'à perduta,
se la pote invenire;
   e quel ch'è no-tenente
n'à cura d'affanare,
però che 'n sua tenuta 35
àve tuto su' abere.
   Eo, che perdeovi, chero
voi, donna, c'ancor spero
aver in mia ballia
sì come aver sollia. 40
O! vorrïa   quelli che ci 'mcolparo
perissoro a lo Far   o ['n]de che sia.

Kaiser Friedrich II.: *Amor voglio blasmare*

Amor will ich anklagen

 1 – Amor will ich anklagen,
der mir weder Hilfe
noch irgendeinen Trost gewährt hat
bei meinem Wunsch,
 Euch zu gewinnen, Herrin,   5
die Ihr mich versklavt habt.
Weshalb ich sterbe,
wenn Amor mich weiter betrügt,
 der mich so betrogen hat,
mehr als keinen anderen Liebhaber,   10
der nur dann Liebesglück hätte,
wenn es ihm gefiele,
und darauf verzichtete,
um ihrer Ehre willen das Beste zu haben,

 2 – so wie ich nicht mehr wollte –   15
sondern nur eine Teilbefriedigung.
Ich hätte Freude von Euch haben können,
meine Herrin,
 aber im Glauben,
dass ich die Erfüllung meiner Wünsche,   20
später haben könnte,
habe ich verloren, was ich hatte.
 Mir ist so geschehen,
wie einem, der geschlafen hat
und im Traum   25
sein ganzes Streben sieht
und zu haben glaubt, was er will.
Dann wacht er auf und leidet und geht leer aus.

 3 – Ich leide wie ein Verlierer,
der sich abmüht,   30
das Verlorene zu finden,
wenn er es finden kann;
 und derjenige, der es nicht hat,
strengt sich an,
weil er in seinem Besitz   35
seine ganze Habe hatte.
 Ich, der ich Euch verloren habe,
bitte Euch, Herrin, die ich noch immer
in meiner Gewalt zu haben glaube,
so wie ich es gewohnt war.   40
Oh, ich wünschte, dass diejenigen, die daran schuld waren,
am Leuchtturm oder wo auch immer ertränken.

4 – Chi 'ntra noi partimento
si 'ntramise di fare,
agian da Dio tal guerra   45
che nnonn apara piui;
   così come lo vento
la polvor fa llevare
che face de la terra,
sì divegna di llui.   50
   No lle' sia più marito,
moia nom-sopellito
chi da gioia e diporto
ne levao e buon comforto.
Sïa morto   com'e' gli ò profetato,   55
vile troante: a lato   boc[c]hi torto.

Edition: Federico II di Svevia: *Rime* a cura di Letterio Cassata e Luigi Spagnolo. Roma: Edizioni Nuova Cultura 2008, S. 95–106.

4 – Wer sich einmischt,
um uns auseinanderzubringen,
möge von Gott so bekämpft werden,   45
dass er nicht mehr erscheint;
   so wie der Wind
den Staub aufwirbelt,
den er aus der Erde macht,
so geschehe auch ihm.   50
   Er habe keinen Gefährten mehr,
er sterbe unbegraben;
der uns Freude und Wohlsein
und Wohlbefinden nahm,
er sterbe, wie ich es ihm vorausgesagt habe,   56
gemeiner Schurke, seitlich auf das Gesicht fallend.

König Heinz (Re Enzo)

Historisch-literarisches Profil

Zu den bewegendsten Seiten in der legendären Monographie von Ernst Kantorowicz über Kaiser Friedrich II. gehören jene, die der Autor den Nachkommen des Kaisers widmet, ausgehend von der Gefangennahme des Lieblingssohns Enzo durch die Bolognesen, fortgesetzt mit dem Tod von dessen Brüder Heinrich und Konrads IV. 1254, der eigentlich zu Friedrichs Nachfolger ausersehen war, dem Tod Friedrichs von Antiochien 1256 und dem des lebensfrohen Manfreds 1266 und endend schließlich mit der Hinrichtung des kaum erblühten Knaben Konradin in Neapel zwei Jahre später.[96] Für die Literatur und für die Festkultur der Staufer sind vor allem zwei von ihnen von Bedeutung, König Heinz und Manfred. Die Kanzonen, die Manfred, König von Sizilien, auf seinen rauschenden Festen vortrug und damit an die schönsten Jahre am Hofe des Vaters anknüpfte, sind uns leider nicht überliefert, sodass uns *in poeticis* nur das Porträt bleibt, mit dem Dante Manfred im Fegefeuer seiner *Divina Commedia* feiert (s. Epilog). Auch von König Heinz, der unter gänzlich anderen Verhältnissen ebenfalls sang, haben sich die meisten seiner im Gefängnis komponierten Lieder nicht erhalten, obwohl er sie wie einen Schatz hütete und noch im Testament erwähnt. Umso kostbarer sind die drei erhaltenen Lieder und ein Fragment, Zeugnisse einer noch an den Vorbildern der Sizilianer geschulten poetischen Begabung, bevor die Epoche der sogenannten Sikulo-Toskaner beginnt.[97]

Heinz (Enzo) war vom Vater, der ihn als sein Ebenbild bezeichnete („nella figura e nel sembiante il nostro ritratto")[98] systematisch als dessen Nachfolger aufgebaut worden. Er machte ihn zum Generalbeauftragten (*legatus totius Italie*) für die ghibellinische Allianz des Kaisers, mit umfassenden Vollmachten, die ihn als Stellvertreter des Vaters kennzeichneten: „cum gladii potestate pro conservacione pacis et iusticie velut persone nostre speculum."[99] Als solcher erhielt er ebenso wie Manfred eine sorgfältige Erziehung, zu der nicht nur die militärische Ausbildung, ein umfassendes Wissen und Sprachen gehörten, sondern auch die Falkenjagd und das Dichten. Der Chronist Salimbene vergisst nicht, auch das Äußere des blonden Jünglings mit den blauen Augen fast hymnisch zu schildern,

---

[96] Kantorowicz, *Kaiser Friedrich II.*, 1963, S. 614–622.
[97] Vgl. dazu ausführlich Antonelli, „Storia e poesia", 2003, S. 69–79.
[98] Antonelli, ebd., S. 69, und Tommaso Tosco: „Hic enim Hentius, simillimus patri fuit, probus, nimis largus, industrius, curialis" (ebd.).
[99] Zitiert nach Trombetti Budiesi, „Re Enzo e Bologna", 2003, S. 16.

calmi ed ingenui come la distesa azzurrina del mare in quiete, con una fluente chioma de riccioli biondo-oro a cascata sulle spalle e la figura snella di taglia media [...]. Giovane valente, di cuore, di umore gaio e sollazzevole, aveva mente sveglia e fantasiosa: le donne sospiravano per lui, il padre lo prediligeva e Enzo si mostrò sempre perfetto, primeggiando per il tratto signorile e cortese [...] cavaliere gioviale, bel dicitore, possedeva la lingua tedesca assai bene; uomo coraggioso di grande valore, gran combattente, amante del lo piacere, poeta, audace in guerra si esponeva in prima persona ai pericoli.[100]

(Ruhig und rein wie das ferne Blau des stillen Meeres, mit einer Haarflut goldblonder Locken, die in Kaskaden über die Schultern und die schlanke, mittelgroße Gestalt flossen. Ein edler Jüngling, herzlich, heiter und tröstlich gestimmt, mit wachem und phantasievollem Geist: Die Frauen verzehrten sich nach ihm, der Vater zog ihn vor und Enzo zeigte sich immer vollkommen, immer der erste durch sein souveränes und höfliches Verhalten. Ein zuvorkommender Ritter, guter Redner, der die deutsche Sprache recht gut beherrschte; ein mutiger Mann von großer Kraft, ein großer Kämpfer, Freund des Vergnügens, Dichter, der sich im Krieg als erster kühn den Gefahren aussetzte.)

Die blonden Locken waren es allerdings auch, die ihm zum Verhängnis wurden. 1249 war er in einer an sich bedeutungslosen Schlacht vor den Toren von Modena von den Bolognesen gefangengesetzt worden und musste die nächsten 23 (dreiundzwanzig!) Jahre bis zu seinem Tode im heute so genannten *Palazzo Re Enzo* in der Mitte der Stadt Bologna verbringen[101], rund um die Uhr bewacht von vierzehn namentlich bekannten Wachen allein an den Treppenaufgängen zu den Gemächern des Königs.[102] Und bei dem einzigen Fluchtversuch, den König Heinz 1270 unternahm, versteckt in einem Fass, das ein von ihm bestochener Küfer aus dem Gefängnis trug, verrieten ihn besagte Locken, die aus einer Ritze hervorlugten. Die Politiker und Juristen der Stadt Bologna hatten sich allen Bitten, Angeboten und Drohungen des Kaisers in dessen letztem Lebensjahr versagt und Enzo auch nach dem Tod des Kaisers als dessen legitimen Nachfolger nicht freigegeben. Gleichwohl bereiteten sie ihm 1272 ein prunkvolles Staatsbegräbnis erster Klasse, gehüllt in die Insignien seiner kaiserlichen Abkunft. Und auch zuvor sorgten sie dafür, dass ihm das Leben hinter Gittern so angenehm wie möglich gemacht wurde, mit angemessener Gesel-

---

[100] Salimbene de Adam, *Cronica*, 1966 (zitiert ebd., S. 14).
[101] Vgl. *Palazzo Re Enzo*, 2003, insbes. die Beiträge von Anna Laura Trombetti Budriesi und Armando Antonelli. Der Dichter Giovanni Pascoli (1855–1912) veröffentlichte 1908/09 seine *Canzoni di Re Enzo* (vgl. Abb.), in denen er das Schicksal des Stauferprinzen in poetisch-romantischer Weise zum Thema macht (vgl. ebd. S. 81–85, den Beitrag von Giorgio Marcon).
[102] Ebd., S. 69. Das Schicksal eines Gefangenen, das sich in tragischer Weise im 20. Jahrhundert in Pisa wiederholte, wo der amerikanische Dichter Ezra Pound, profunder Kenner und Übersetzer der provenzalischen Liedkultur und politisch aktiver Anhänger Mussolinis, 1945 in einem nachts grell beleuchteten Käfig der siegreichen Amerikaner seine *Pisaner Gesänge* komponierte. Er starb 1972, also genau siebenhundert Jahre nach Enzo.

ligkeit und Unterhaltung, mit Besuchern und Geliebten. So konnte Enzo an das anknüpfen, was er wie sein Bruder in seiner glanzvollen Jugend erlebt und gelernt hatte, er konnte ganz im Stile des Vaters und seiner Poeten dichten und sich wie dieser und wie sein Bruder Manfred auch wissenschaftlich betätigen. So gab er die Übersetzung von zwei Traktaten über die Falkenjagd ins Provenzalische (!) in Auftrag, deren Übersetzung aus dem Arabischen ins Lateinische der Kaiser veranlasst und in einem Fall auch selbst revidiert hatte, während Enzo dies für den anderen besorgte.[103] Außerdem verdanken wir ihm die Ergänzung des epochemachenden Buchs *De arte venandi cum avibus*, dessen Manuskript noch heute in der Universitätsbibliothek von Bologna aufbewahrt wird. Kulturelle Leistungen, die neben den drei vollständig erhaltenen Gedichten König Enzos nicht vergessen sein sollen.[104]

---

[103] Vgl. Frati, „Re Enzo e un'antica versione", 1908, und Antonelli, „Storia e poesia", 2003, S. 69.
[104] Zum Nachleben und Ruhm Enzos in der deutschen Historiographie des 19. Jahrhunderts vgl. Mathias Jehn, „Un'immagine del sogno tedesco: l'*Historismus* e Re Enzo", 2001.

Amor mi fa sovente

Ein nach dem Zeugnis der Manuskripte eindeutig Enzo zuzuschreibendes Gedicht von großer Authentizität. In vier Strophen mit der Reimfolge *abc abc dde dde* und einer Botenstrophe (*congedo*) in derselben Form geht der Sprecher seinem Trennungsschmerz nach, geboren aus qualvoll durchlebter Liebe. Er fürchtet, dass die Dauer der Trennung von der Geliebten („la dolze speranza", v. 8) dieser Liebe abträglich sein könnte, und dies sichtbar stärker, als die übliche Rhetorik der höfischen Liebeslyrik dies erwarten lässt. Das geht sogar soweit, dass er am Ende seines Liedes, vor der Botenstrophe, seine Hörer – denn von einem mündlichen Vortrag müssen wir ausgehen – daran erinnert, dass auch die hohe Liebe („fin amore", v. 48) der Gegenwart der Liebenden bedarf und ohne sie dem Vergessen anheimfällt. Wir haben hier die autobiographisch bedingte Umkehrung der Situation, mit sich der provenzalische Trobador Jaufre Rudel in die Literaturgeschichte eingeschrieben hat: die Liebe aus der Ferne (*amor de lonh*), die entstanden ist, ohne die Geliebte je gesehen zu haben:[105] Was dort am Beginn der Beziehung stand, die räumliche Trennung, könnte hier als Gefahr für die Liebe an ihrem Ende stehen.

Die leichtfüßige Botenstrophe (*canzonetta*) stellt uns aber noch vor ein anderes Problem: Wer ist der Herr („messere", v. 50), der hier gegrüßt sein soll? Ist es der Kaiser, den der in Bologna als Staatsgefangener einsitzende Sohn sehnsuchtsvoll anruft? Dann wäre das Gedicht zwischen 1249 und 1250 entstanden, im letzten Jahr vor dem Tod des Vaters. Doch warum sollte sich der Kaiser angesichts dieser Situation gerade mit dem Liebesleid des Sohnes befassen? Auch dass „messere" ein *senhal* für die Geliebte sein könnte, ein Deckname, wie ihn die Trobadors häufig benutzen, auch in der männlichen Form, erscheint wenig sinnvoll, denn dann wären der Herr und die Geliebte dieselbe Person und die Aufspaltung in zwei eigentlich überflüssig. Vielleicht ist deshalb eine dritte Variante die richtige: Amor, der Herr der Liebe, wäre als Herr auch dieser Liebe der geeignete Bote, der das Liebesleid lindern kann und das Lied auch problemlos nach Apulien bringen kann, wo sich die Geliebte wohl aufhält. Die Schlussstrophe gibt dem Lied Enzos auf jeden Fall eine persönliche Note, die berührt, auch wenn wir den Sprecher nicht unbedingt mit ihm identifizieren müssen.

---

[105] Jaufre Rudel, „Lanquan li jorn son lonc en mai"; s. o. Giacomo da Lentini, „Amor è un disio" (Einführung und Anm. 14).

Amor mi fa sovente

1 – Amor mi fa sovente
lo meo core penare,
dammi pene e sospiri;
e son forte temente,
per lung' adimorare, 5
ciò che poria aveniri:
non ch'aggia dubitanza
de la dolze speranza,
che 'nver' di me fallanza ne facesse;
ma tenem'in dottanza 10
la lunga adimoranza
di ciò ch'adivenire ne potesse.

2 – Però 'nd'aggio paora
e penso tuttavia
de lo su' gran valore: 15
se tropp'è mia dimora,
eo viver non poria,
così mi stringe Amore,
ed àmi così priso,
in tal guisa conquiso, 20
che 'nn-altra parte non ò pensamento,
e tuttora m'è aviso
di veder lo bel viso,
e tegnolomi in gran confortamento.

3 – Conforto e non ò bene: 25
tant'è lo meo pensare
che gioi non poss'avire.
Speranza mi mantene,
e fammi confortare
che spero tosto gire 30
là 'v'è la più avenente,
l'amoros'e piagente,
quella che m'ave e tene in sua bailia:
non falserai' neiente
per altra al meo vivente, 35
ma tuttor la terrò per donna mia.

König Heinz (Re Enzo): *Amor mi fa sovente*

Die Liebe macht oft

Die Liebe macht oft
das Herz mir schwer,
sie gibt mir Pein und Seufzer
und ich fürchte sehr
und lange schon, 5
was geschehen könnte:
Nicht dass ich Zweifel hätte,
an der süßen Hoffnung,
dass sie mir Unrecht täte,
doch ich fürchte 10
die lange Dauer
dessen, was daraus entstehen könnte.

Deshalb habe ich Angst
und bedenke immer
ihren großen Wert. 15
Wenn ich zu lange warten muss,
könnte ich nicht leben,
so sehr bedrängt mich die Liebe
und hat mich so im Griff
und derart in der Gewalt, 20
dass ich an nichts anderes denken kann.
Und immer scheint mir,
als sähe ich das schöne Gesicht,
und das ist mir ein großer Trost.

Ich tröste mich und habe doch nichts, 25
derart ist mein Sinnen,
dass ich keine Freude haben kann.
Nur die Hoffnung hält mich aufrecht
und gibt mir Trost,
denn ich hoffe bald dorthin zurückzukehren, 30
wo die Schönste ist,
die Liebreizende und Angenehme,
jene, die mich in ihrer Gewalt hat und hält.
Ich werde sie nicht, solange ich lebe,
wegen einer anderen verraten, 35
sondern immer als meine Herrin ansehen.

4 – Ancora ch'io dimore
lungo tempo e non veia
la sua chiarita spera,
e lo su' gran valore   40
ispesso mi vania,
ch'i' penso ogne manera
che·llei deggia piacere,
e sono al suo volere
istato, e serò senza fallanza.   45
Ben voi' fare a savere
ch'a'mare e non vedere
si mette fin amore inn-obbrïanza.

5 – Và, canzonetta mia,
e saluta messere,   50
dilli lo mal ch'i' aggio:
quelli che m'à 'n bailia
sì distretto mi tene
ch'eo viver non poraggio.
Salutami Toscana,   55
quella ched è sovrana
in cüi regna tutta cortesia:
e vanne in Puglia piana,
la magna Capitana,
là dov'è lo mio core nott' e dia.   60

Edition: *I poeti della Scuola Siciliana*, Bd. II, 2008, S. 718–721 (Corrado Calenda).

König Heinz (Re Enzo): *Amor mi fa sovente*

Obwohl ich schon lange warte
und ihr Gesicht
nicht leuchten sehe
und ihr großer Wert 40
mir oft durch den Sinn geht,
so dass ich alles überlege,
was ihr gefallen müsste,
und ihr zu Willen bin,
immer und ohne Fehl, 45
will ich deutlich kundtun,
dass edle Liebe ohne Anschauung
im Vergessen endet.

Gehe hin, mein Liedchen,
und grüße den Herrn, 50
sprich ihm von meinem Leid:
Die mich in ihrer Gewalt hat,
hält mich so fest gefangen,
dass ich nicht leben kann.
Grüß' mir die Toskana, 55
jene, die souverän ist,
in der alles höfische Wesen regiert,
und gehe ins ebene Apulien,
in die weite Capitana,
dorthin, wo mein Herz Tag und Nacht ist. 60

S'eo trovasse Pietanza

Ein von schicksalhafter Tragik überschattetes Lied. Enzo, der Lieblingssohn des Kaisers und letzter überlebender Spross des Staufergeschlechts, dichtet als Gefangener im allerdings durchaus standesgemäßen Palazzo Nuovo der Stadt Bologna, wohin ihn die streitbaren Bürger 1249 nach der Schlacht von Fossalta gebracht hatten. Die sorgfältig konzipierte Kanzone lässt uns dies in den drei ersten Strophen schmerzhaft spüren. Sind es in den beiden ersten Strophen das Mitleid und die Gnade, die als Wunschvorstellungen dominieren, so drängt sich in der dritten Strophe das Leiden (*pena*) unüberhörbar vor, ein Leiden an Haupt und Gliedern (v. 31), unablässig – welch ein schönes Bild! – wie die Wellen des Meeres (v. 34), dem selbst der Tod vorzuziehen ist. Hier geht es offensichtlich um eine existentielle Situation, nicht um Liebesschmerz, ja dieser wird ausdrücklich ausgeschlossen (v. 13).

In den Strophen vier und fünf nimmt die Kanzone dann aber eine etwas andere Tönung an, weil das lyrische Ich nunmehr doch eine Frau für sein Leiden verantwortlich macht, ja ihr unterstellt, dass sie an ihm nur ihre Macht (*vertude*) erprobe (v. 58–60). Immerhin nimmt der Autor in der fünften Strophe das Motiv des Mitleids (*pietanza, pietate*) der ersten beiden Strophen dreifach wieder auf (v. 63- 65) und setzt formal ebenso wie argumentativ die Kette der durch Leitmotive miteinander verbundenen Strophen des Liedes fort.

Es ist deshalb nicht leicht zu entscheiden, ob, wie dies mitunter vermutet wird, die Strophen vier und fünf nicht von Enzo, sondern von einem anderen Autor aus der Zeit der Gefangenschaft in Bologna stammen könnten. Dafür kommen zwei Dichter in Frage, die sich in der Tradition der sizilianischen Dichterschule gut auskennen, ein Notar Semprebene (oder Nascimbene) und der Richter Guido Guinizzelli. Letzterer war selbst ein bedeutender Dichter und in Bologna auch mit den rechtlichen Problemen der Gefangenschaft König Enzos befasst.[106] Es ist deshalb wahrscheinlich, dass er ständig mit Enzo Kontakt hatte, sowohl beruflich als auch poetisch, zumal der König innerhalb der Mauern des Palazzo Vorzugsbedingungen jeder Art genoss. Die Tatsache, dass die Manuskripte, in denen die Kanzone überliefert ist, das Lied zwar überwiegend Enzo zuschreiben, aber die Hälfte davon nur die drei ersten Strophen bietet, kann also zu denken geben.[107] Sollte etwa Guido Guinizzelli dem Lied eine ‚Fortsetzung' im Stile der sizilianischen Liebeslyrik angefügt haben? Die kunstvolle Gestaltung und die formale, alle fünf Strophen übergreifende Geschlossenheit des Textes wäre beachtlich – ein Kunststück ganz besonderer Art.

Das Lied ist auch noch aus einem anderen Grunde wichtig für die Geschichte der Sizilianischen Dichtergruppe. Der schon genannte Philologe Giovanni Maria Barbieri zitiert die letzten beiden Strophen aus dem von ihm konsultierten, aber seither verlorengegangenen *Libro siciliano* im sizilianischen Original, sodass wir für sie

---

[106] Vgl. Guido Guinizelli, *Rime*, 2002, hier bes. S. 87, und den Text selbst.
[107] Zur Manuskriptlage und zur Verfasserproblematik vgl. ausführlich *I poeti della Scuola Siciliana*, Bd. II, 2008, S. 729–731.

zwei Fassungen besitzen, die originale und die toskanisierte der späteren Überlieferung.[108] Es ist dies das dritte Zeugnis des von den Dichtern verwendeten *volgare illustre*, zusammen mit Enzos *Alegru cori, plenu* (s. u.) und dem Lied *Pir meu cori allegrari* von Stefano Protonotaro, alle drei aus dem *Libro siciliano*.

[108] Vgl. ebd.

S'eo trovasse Pietanza

1 – S'eo trovasse Pietanza
d'incarnata figura
merzé le chederia
ch'a lo meo male desse alezamento;
e ben faccio acordanza 5
infra la mente pura
ca 'l pregar mi varia,
veggendo lo eo umile agechimento.
Che dico, oïmè lasso?
spero in trovar merzede? 10
Certo il mio cor nol crede,
ch'io sono isventurato
più d'omo inamorato:
so che per me Pietà veria crudele.

2 – Crudele e spïetata 15
seria per me Pietate
encontro a sua natura,
secondo ciò che mostra el meo distino,
e Merzede adirata
piena d'impietate. 20
Deo, ch'e' ò tal ventura,
ca pur diservo ove servir non fino?
Per meo servir non veggio
che gioia mi si n'acresca,
nanti mi si rinfresca 25
pena e dogliosa morte
ciascun giorno più forte,
ond'io morir sento lo meo sanare.

3 – Ecco pena dogliosa
Che nel meo core abonda 30
E sparge per li membri,
sì ch'a ciascun ne vien soverchia parte.
Giorno non ò di posa
come nel mare l'onda:
core, che non ti smembri? 35
Esci di pena e dal corpo ti parte.
Molto val meglio un'ora
morir ca pur penare,
che non pò mai campare
omo che vive in pene, 40
né gaugio no 'l s'avene,
né pensamento à che di ben s'aprenda.

König Heinz (Re Enzo): *S'eo trovasse Pietanza*

Wenn ich das Mitleid anträfe

1 – Wenn ich das Mitleid anträfe
in menschlicher Gestalt,
bäte ich es um die Gnade,
meinem Leiden Erleichterung zu verschaffen,
und ich bin der Meinung, 5
ganz im Innern,
dass Bitten mir helfen könnte
angesichts meiner demütigen Aufopferung.
Doch was sage ich, ich Armer?
Hoffe ich Gnade zu finden? 10
Mein Herz kann es ganz sicher nicht glauben,
denn ich bin im Unglück,
mehr als alle Verliebten:
Ich weiß, dass für mich sogar das Mitleid grausam würde.

2 – Grausam und erbarmungslos 15
wäre das Mitleid mit mir,
gegen seine Natur,
wie mein Schicksal zeigt,
und die Gnade wäre erzürnt
und voller Unerbittlichkeit; 20
o Gott, was ist das für ein Schicksal,
dass ich Tadel ernte, da, wo ich ohne Ende diene?
Ich sehe nicht, dass durch mein Dienen
meine Freude zunähme,
sondern mir erneuern sich 25
Pein und schmerzhafter Tod
jeden Tag stärker
und ich fühle, wie meine Gesundheit stirbt.

3 – Seht, schmerzhafte Pein,
die in meinem Herzen überhandnimmt 30
und sich auf alle Glieder ausdehnt,
so, dass jedes zu viel davon bekommt.
Ich habe keinen Tag der Ruhe
wie die Welle im Meer.
Herz, was löst du dich nicht auf? 35
Höre auf zu leiden und verlasse den Körper!
Besser ist es, einmal zu sterben
als nur zu leiden,
denn niemand kann sich retten,
der nur in Pein lebt 40
und dem keine Freude beschieden ist
und kein Gedanke an Wohlsein kommt.

4 – Tutti quei pensamenti
ca spirti mei divisa,
sono pene e dolore, 45
sanz' allegrar, che no gli s'acompagna;
e di tanti tormenti
abondo en mala guisa,
che 'l natural colore
tuto perdo, tanto il cor sbatte e lagna; 50
or si pò dir da manti:
„Che è zo, che no mori,
poi ch'à' sagnato il core?"
Rispondo: „Chi lo sagna,
in quel momento stagna, 55
non per mio ben, ma prova sua vertute."

5 – La vertute ch'il'àve
d'auciderme e guerire,
a lingua dir non l'auso,
per gran temenza ch'aggio no la sdigni; 60
onde prego soave
Pietà che mova a gire
e facia i·llei riposo,
e Merzé umilemente se gli aligni;
sì che sia p̈ietosa 65
ver' me, che non m'è noia
morir, s'ella n'à gioia:
che sol vita mi place
per lei servir verace
e non per altro gioco che m'avegna. 70

Edition: *I poeti della Scuola Siciliana*, Bd. II, S. 732–736 (Corrado Calenda).

4 – [Alle jene Gedanken,
die mein Geist fasst,
sind Leiden und Schmerz, 45
ohne eine Freude, die sie begleitet.
Und von soviel Qualen
habe ich ein Übermaß,
sodass ich die Farbe ganz verliere,
so sehr schlägt und blutet das Herz. 50
Nun wird mancher fragen:
„Was ist das, dass Du nicht stirbst,
da Dir doch das Herz blutet?"
Ich antworte: „Die es bluten lässt,
stillt das Blut im selben Moment, 55
nicht zu meinem Vorteil, sondern sie zeigt ihre Macht."

5 – Die Fähigkeit, die sie hat,
mich zu töten und zu heilen,
wage ich nicht mit Worten auszusprechen
aus Furcht, sie zu verärgern, 60
weshalb ich demütig erbitte,
dass Erbarmen sich bewege
und in ihr einzöge
und sich Gnade ihm anschlösse
so, dass sie Mitleid hätte 65
mit mir, dem es nichts ausmacht
zu sterben, wenn sie das erfreut.
Denn das Leben gefällt mir nur,
um ihr wahrhaft zu dienen,
und wegen keiner anderen Freude, die ich haben könnte.] 70

Alegru cori, plenu

Eines der drei poetischen Beispiele für das Sizilianische, in dem die später ‚toskanisierten' Lieder der sizilianischen Dichterschule geschrieben wurden. Hier handelt es sich offenbar um die Anfangsstrophe eines Liedes, das nur als Fragment in dem von Girolamo Tiraboschi 1790 herausgegebenen Werk *Dell'origine della poesia rimata* von Giovanni Maria Barbieri (1519–1574) überliefert ist. Das Fragment kann auch nur deshalb Re Enzo zugeschrieben werden, weil es dort unmittelbar auf die ins Toskanische übertragene Version von dessen Kanzone *S'eo trovasse pietanza* folgt. Der Inhalt ist konventionell und kaum zu erahnen, die Form mit dem Reimschema *ababcdd* ebenfalls, abgesehen vielleicht von dem Binnenreim in der vorletzten Zeile (*placiri/ muriri*).

Alegru cori, plenu

Alegru cori, plenu
Di tutta beninanza,
suvvegnavi s'eu penu
per vostra inamuranza;
ch'il nu vi sia in placiri
di lassarmi muriri   talimenti,
ch'iu v'amo di buon cori e lialmenti.

Edition: *I poeti dalla Scuola Siciliana*, Bd. II, S. 744 (Corrado Calenda).

Freudiges Herz

Freudiges Herz,
voll allen Glücks,
beachtet, ob ich leide
wegen der Liebe zu Euch,
auf dass es Euch missfalle,
mich so sterben zu lassen,
denn ich liebe Euch von Herzen und loyal.

Tempo ven che sale chi discende

Enzio oder Enzo (Heinz), geboren 1215, stammt aus einer der zahlreichen außerehelichen Verbindungen Friedrichs, in diesem Fall mit einer schwäbischen Adligen namens Adelheid, und glich dem Vater in Aussehen und Wesen. Vom Vater zum König von Sardinien und zum Generalbevollmächtigten in Mittel- und Oberitalien gemacht, war er diesem eine politische und vor allem militärische Hilfe von unschätzbarem Wert. Das vorliegende Sonett ist ein Dokument aus glücklicheren Tagen in Palermo und geprägt vom vertrauten Dialog zwischen Vater und Sohn. Auffällig ist die formale Verwandtschaft, die es mit dem berühmten Sonett *Misura, providentia e meritanza* des Vaters hat: dasselbe Reimschema *abab abab cde cde*, identische Reime auf *-ente* und *-ende* (*conoscente/canoscente, gente, prende/imprende/riprende*) und eine wohl nicht zufällig gleichlautende inhaltliche Formel (*saggio e canoscente*) in beiden Texten. Auch das Thema erinnert an das Sonett des Vaters, auch wenn Enzo kein Material für die Wertediskussion geliefert hat, die Friedrichs Gedicht später ausgelöst hat (s. o.).

Enzo nimmt dagegen den Umgang mit den Wendungen des Schicksals, deren Erörterung der Vater an die Formel *saggio e canoscente* anschließt, in seinem Gedicht an derselben Stelle auf, und tut dies mit einer Lagebeschreibung, die in der achtmaligen Wiederholung von *tempo* unerbittlich klarmacht, vor welche Entscheidungen sich ein Herrscher des 13. Jahrhunderts oft gestellt sah. Ein poetisches Spiel, zweifellos, doch zugleich eine realpolitische Grundsatzdebatte mit einem hohen, dem Rang der Diskutanten geschuldeten moralischen Anspruch. Es fällt auf, dass der junge König Enzo dabei, wie seine Erwähnung von Drohungen, Beleidigungen und Tadel und die ihnen gebührenden, geradezu machiavellistischen Antworten darauf (Schweigen, Furchtlosigkeit, Rache) zeigen, deutlich härter argumentiert als der eher philosophierende Vater. Was ihn aber nicht daran hindert, auch seinerseits mit Liebesgedichten am Dichterwettstreit der *Magna Curia* teilzunehmen und diesen Zeitvertreib auch in der Gefangenschaft fortzusetzen.

Tempo ven che sale chi discende

    Tempo vene che sale chi discende,
e tempo da parlare e da tacere,
e tempo d'ascoltare a chi imprende,
e tempo da minacce non temere;

    e tempo d'ubbidir chi ti riprende
tempo di molte cose provedere,
tempo di vengïare chi t'offende,
tempo d'infignere di non vedere.

    Però lo tegno saggio e canoscente
cului che fa sui fatti con ragione
E che col tempo si sa comportare

    e mettersi in piacere de la gente,
che non si trovi nessuna cagione
che lo su' fatto possa biasimare.

Edition: *I poeti della Scuola Siciliana*, Bd. II, S. 748–749 (Corrado Calenda).

Es kommt die Zeit, da aufsteigt, wer absteigt

    Es kommt die Zeit, da aufsteigt, wer absteigt,
und die Zeit, zu sprechen und zu schweigen,
und die Zeit, zuzuhören für den, der lernt,
und die Zeit, Drohungen nicht zu fürchten,

    und die Zeit, dem zu gehorchen, der dich tadelt,
die Zeit, für vieles zu sorgen,
die Zeit, sich zu rächen an dem, der dich beleidigt,
die Zeit, scheinbar nichts zu sehen.

    Deshalb halte ich den für weise und klug,
der seine Aufgaben vernünftig erledigt
und versteht, sich den Umständen entsprechend zu verhalten

    und sich bei den Menschen beliebt zu machen,
damit sich kein Grund finde,
sein Tun zu tadeln.

künig Chůnrat der Junge

Konradin

Historisch-literarisches Profil

Auch Konradin, der letzte legitime Anwärter auf die Königswürde in Deutschland und Sizilien aus dem Geschlecht der Staufer, ist durch ein tragisches Ende in die Geschichte eingegangen. Der Sohn des 1254 verstorbenen Königs Konrad IV. und Enkel von Friedrich II. unternahm noch einmal den Versuch, das seit dem Tod des Kaisers wankende Stauferreich wiederaufzurichten, getragen von der Unterstützung der ghibellinischen Parteigänger in der Toskana, der dem Kaiser stets treu ergebenen Sarazenen von Lucera und der Karl von Anjou unterdrückten Adligen in Sizilien.[109] Doch das tollkühne Unternehmen des gerade einmal Sechzehnjährigen schlug grandios fehl. Papst Clemens IV. hatte die Gefahr für den Kirchenstaat erkannt, rief Karl von Anjou zu Hilfe und belegte Konradin mit einem Bannfluch. Der Jüngling ritt gleichwohl im Triumph in Rom ein, ehe er mit seinem Heer weiter nach Süden zog, Richtung Lucera. Anfang September 1268 wurde er aber gefangengenommen und an Karl von Anjou ausgeliefert. Dieser ließ ihn kurzerhand als „Räuber, Empörer, Aufwiegler und Verräter" anklagen und zum Tode verurteilen. Am 29. Oktober wurde Konradin zusammen mit einigen Gefährten in Neapel hingerichtet, ein tragisches Ende, das bald zur Legende wurde: Ein Adler tauchte noch auf dem Blutgerüst seine Flügel in das Blut des Hingerichteten, bevor die Leiche auf Befehl seines unbarmherzigen Widersachers am Strand verscharrt wurde. Erst ein Jahr später gestattete Karl von Anjou, dass Konradin in der Kirche Santa Maria del Carmine in Neapel die letzte Ruhe fand.[110] Die Tatsache, dass der zusammen mit Antonio Canova bedeutendste Bildhauer des 19. Jahrhunderts, Bertil Thorvaldsen, dafür im Auftrag des bayerischen Kurfürsten Maximilian ein Epitaph schuf[111], ist allein schon bezeichnend für den durch die Jahrhunderte ungebrochenen Nachruhm Konradins als eine deutsche Lichtgestalt, die in zahllosen Werken der Kunst und Literatur weiterlebte.[112]

Es ist vor diesem Hintergrund, vor dem wir die beiden von Konradin überlieferten Gedichte sehen müssen, erste Versuche eines noch sehr jungen Autors, der sich

---

[109] Karl I. von Anjou herrschte seit 1266 auf Sizilien, wurde aber schon 1282 in der sogenannten Sizilianischen Vesper von der Insel vertrieben, leider zu spät für ein *revival* der Stauferzeit.
[110] Man lese dazu die lebendige und weiter ausgreifende Darstellung von Kurt Pfister (*Konradin*, 1941).
[111] Abgebildet in Akerman, *Die Staufer*, 2003, S. 92.
[112] Vgl. Schöner, *Staufische Herrscher als Minnesänger*, 2014, S. 83–89.

nicht nur an einem großen dynastischen, sondern auch literarischen Erbe messen lassen musste. Es berührt schon deshalb sympathisch, dass Konradin sich zu seiner Unerfahrenheit bekennt, in Liebes- wie in Dichtungsdingen, die ja in der Tradition der Trobadors und der Sizilianer eine untrennbare Einheit bilden:

> Ich enweiz niht, frowe, waz minne sint.
> Mich lât diu libe sêre engelten
> daz ich der iâre bin ein kint.

Dennoch hat Konradin für den deutschen Minnesang große Bedeutung. Die sogenannte Manessische Handschrift eröffnet ihre Bilderfolge mit ihm und seinem Urgroßvater Kaiser Heinrich VI., wobei Konradin dem Kaiser natürlich den Vortritt lassen muss. Genaue Untersuchungen der Handschrift haben aber der Vermutung Nahrung gegeben, dass „Kunig Chuonrat der Junge", wie es in der Überschrift zu seinem Porträt heißt, in der ersten Zusammenstellung der Manessischen Handschrift auch vor dem Kaiser gestanden haben könnte. Die beiden Lieder Konradins stehen in der Heidelberger Liederhandschrift (*Codex Manesse* C, f. 7ᵛ) auf einem Einzelblatt, unmittelbar nach der Abbildung zweier Reiter bei der Falkenjagd, von denen einer eine Krone trägt. Obwohl diese Seite nicht die erste Seite der Handschrift ist, sondern diesen Platz den Liedern Kaiser Heinrichs lassen muss, weist sie wie diese Abnutzungserscheinungen auf, wie sie bei Titelblättern vorkommen. Kaiser Heinrich könnte also in der Handschrift C erst nachträglich an den Anfang gestellt worden sein, natürlich aufgrund seines höheren Ranges.[113] Sollte der letzte Staufer noch vor seiner verhängnisvollen Italien-Expedition in Konstanz eine Art „Konradsches Liederbuch" in Auftrag gegeben haben, das erst später erweitert wurde? Beide Herrscher, Urgroßvater und Urenkel, eröffnen jedenfalls die Anfang des 14. Jahrhunderts begonnene Textsammlung der deutschsprachigen Minnesänger und ihrer Porträts in *Des Minnesangs Frühling*, gleichsam als Schirmherren eines Unternehmens, das ihnen zusammen mit den anderen Minnesängern das literarische Nachleben garantiert hat.

---

[113] Vgl. ausführlich dazu Schöner, *Staufische Herrscher als Minnesänger*, 2014, Kap. 6.

Ich fröwe mich maniger bluomen rôt

Auch das zweite Lied von „König Konrad dem Jungen" beginnt mit einem Natureingang, in diesem Fall mit dem Lob des Monats Mai. Und die Natur steht hier stärker als im ersten Lied in Beziehung zum Schicksal des Liebenden. Denn der Feier des Wonnemonats in der ersten Strophe folgt schon in der zweiten Strophe die Klage, dass auch der bevorstehende Sommer mit seinen langen Tagen nichts an dem hier geschilderten Liebesleid ändern werde. Wieder ist es die „frowe" (v. 10 u. 19)[114], die als Herrin über das Schicksal des Liebenden gebietet, auch hier also ganz in der Tradition des europäischen Minnesangs. Das Ende des Liedes – hier fehlt die dritte Strophe nicht! – kann deshalb nur ein trauriges sein, jedes Mal ausgelöst durch den Abschied von ihr. Der Liebende leidet sogar so sehr, dass er fast bedauert, ihr überhaupt begegnet zu sein, und nicht weiß, was die Minne ist.[115] Hier – im letzten Vers des Liedes! – ist auch der Moment gekommen, an dem der Dichter, in diesem Falle also der Jüngling Konradin, die Perspektive der Rollenlyrik aufgibt und von sich selbst spricht: „daz ich der iâre bin ein kint." Und plötzlich sichtbar wird, dass die Jahreszeiten des Natureingangs, der Mai und der Winter der ersten Strophe und der Sommer der zweiten, nicht mehr nur konventionell sind, sondern in poetischer Engführung präzise beschreiben, in welchem Entwicklungsstadium sich der Sprecher befindet: Er lebt „in einem nicht enden wollenden Interim" (Michael Gerhard und Caroline Schöner)[116], in Erwartung des bevorstehenden Monats Mai als Vorbote der Liebe, aber auch vor dem Sommer einer Liebeserfüllung, die er nie erreichen wird. Eine Vorahnung, die für den letzten Staufer nur zu bald grausame Wirklichkeit werden sollte.

---

[114] Vgl zu *frouwe* und *wîp* Ehrismann, *Ehre und Mut*, 1995, S. 228–238.
[115] Vgl. zu *minne* und *liebe* ebd., S. 138–147.
[116] Schöner, *Staufische Herrscher als Minnesänger*, 2014, S. 78.

Ich fröwe mich maniger bluomen rôt

1 – Ich fröwe mich maniger bluomen rôt,
die uns der meie bringen will.
Die stuonden ê in grôzer nôt.
Der winter tæt in leides vil.
[Der] meie wils uns ergetzen wol 5
mit [manigem] wunneklichen tage.
Des ist diu welt gar fröiden vol.

2 – Waz hilfet mich diu sumerzît
unde die vil liehten, langen tage?
Mîn trôst [an] einer frowen lît, 10
von der ich grôzen kumber trage.
Will sî mir geben hôhen [muot],
[da] tuot sî tugendlîchen an
und daz [mîn] fröide wirdet guot.

3 – [Swanne] ich mich von der lieben scheide, 15
sô muoz mîn fröide ein ende hân.
Owê, so stirbe ich lîhte von leide,
daz ich ez ie mit ir began.
Ich enweiz niht, frowe, waz minne sint.
Mich lât diu liebe sêre engelten, 20
daz ich der iâre bin ein kint.

Edition: Michael Gerhard und Caroline Regina Schöner, *Staufische Herrscher als Minnesänger und ihre Beziehung zur volkssprachlichen Liedkunst*. Göppingen: Kümmerle Verlag 2014, S. 74–79.

Konradin: *Ich fröwe mich maniger bluomen rôt* 111

1 – Ich freue mich der vielen roten Blumen,
die uns der Mai bringen wird.
Sie waren bisher in großer Not.
Der Winter tat ihnen viel Leid an.
Der Mai wird uns gewiss   5
mit vielen herrlichen Tagen erfreuen.
Daher ist die Welt voller Freuden.

2 – Was hilft mir die Sommerzeit
und die sehr hellen, langen Tage?
Meine Zuversicht hängt von einer Frau ab,   10
wegen der ich großen Kummer habe.
Wenn sie mich in Hochstimmung versetzen will,
so zeigt sie sich edelmütig,
und davon wird mein Freude gut.

3 – Immer wenn ich von der Liebsten Abschied nehme,   15
muss meine Freude ein Ende haben.
Ach, dann stürbe ich leicht an dem Leid,
dass ich je etwas mit ihr begann.
Ich weiß nicht, edle Herrin, was die Minne im Sinn hat.
Die Liebe lässt mich schmerzlich dafür büßen,   21
dass ich an Jahren noch ein Jüngling bin.

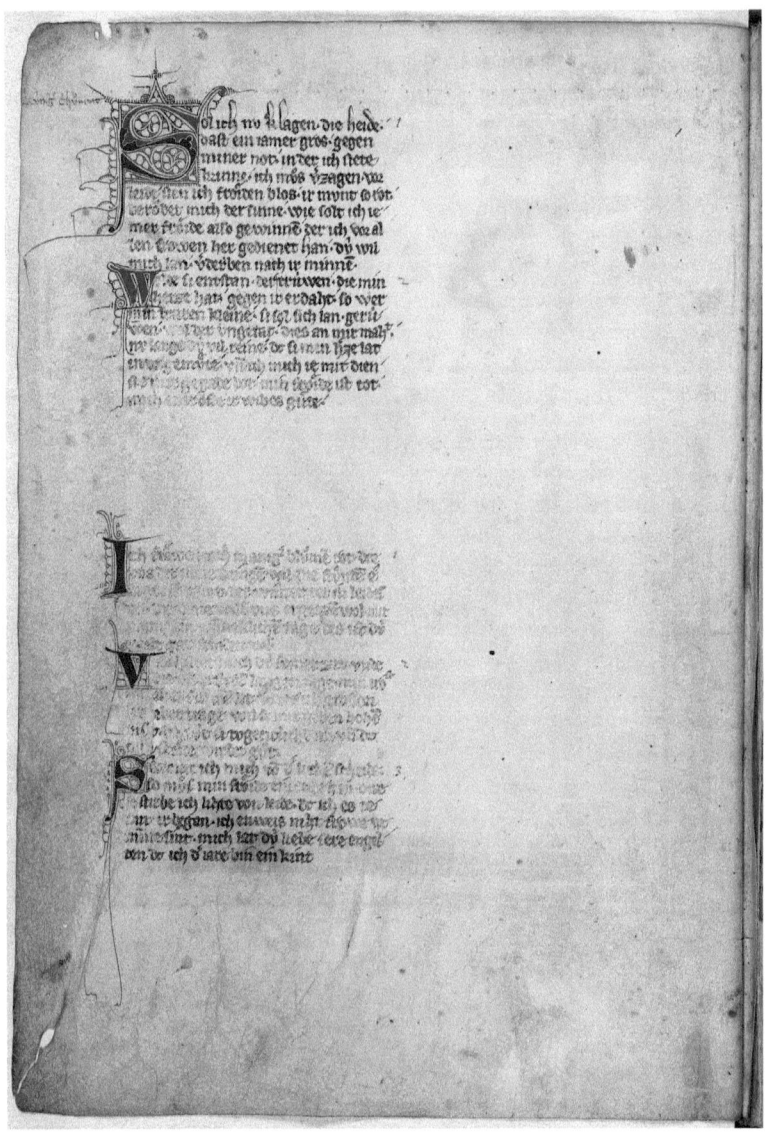

Sol ich nu klagen

Die beiden Lieder Konradins sind, wie sich aus seinen Lebensdaten ergibt (1252–1268), frühe poetische Versuche eines Jünglings, ja fast noch eines Kindes, sich auch mit einem eigenen Beitrag in die Tradition seiner großen Vorfahren zu stellen. Das mag Elemente einer gewissen poetischen Konventionalität erklären, an denen der junge und ungeübte Dichter Halt zu finden sucht. Dazu gehört etwa der sogenannte Natureingang, der im frühen Minnesang als Liederöffnung fast obligatorisch war, später aber seltener Anwendung findet. Bemerkenswert ist allerdings in *Sol ich nu klagen die heide* die grammatikalisch und gedanklich schwer einzuordnende Heide im ersten Vers.[117] Sie ist ein mittelalterlicher *locus amoenus*, der zwischen der von Menschen bewohnten und bearbeiteten Zone der Häuser, Felder und Gärten und dem unheimlichen Wald liegt. Sie ist fast so etwas wie ein Ort der Freiheit zwischen Kultur und Natur, zwischen Beherrschung und Trieb.[118] Hier kann sich der Schmerz des Liebenden ungehemmt von gesellschaftlichen Zwängen frei und stark entfalten. Auch die totale Abhängigkeit von der geliebten Frau, die in der Hochzeit des Minnesangs die Frau zu einer Lehnsherrin macht, die mit vollem Recht über Wohl und Wehe des Verehrers entscheiden darf, ist ein Topos der höfischen Liebe. Dem lyrischen Ich – Konradin? – bleibt jedenfalls trotz seiner unbedingten Bereitschaft zum Dienst nur die vage Hoffnung, dass sie aus Mitleid in „ir wîbes güete" (v. 24) Gnade vor Recht ergehen lässt.

Doch wir sind noch nicht am Ende dieser Liebesgeschichte. Denn wir wissen nicht, ob sich diese Hoffnung nur deshalb nicht erfüllt, weil das Lied abbricht – es sei denn, es soll hier enden! Die Forschung ist sich nämlich auch hier nicht einig. Für eine fehlende (und nachzutragende) dritte Strophe sprechen immerhin zwei Argumente. Zum einen hat der Schreiber von Manuskript C nach der zweiten Strophe eine auffällige Lücke gelassen.[119] In sie würde genau eine weitere Strophe passen. Und zum anderen galten zur Entstehungszeit von *Sol ich nu klagen die heide* Lieder mit nur zwei Strophen generell als unvollständig. Es ist also durchaus denkbar, dass eine dritte Strophe existiert hat. Doch was in ihr stand, die endliche Erfüllung der Liebessehnsucht oder das endgültige Scheitern, ein freundlicher oder ein tragischer Abschluss, das bleibt das Geheimnis der zwei uns überlieferten Strophen.

---

[117] Vgl. dazu die ausführliche Diskussion in Schöner, *Staufische Herrscher als Minnesänger*, 2014, S. 69–72.

[118] Anders Schöner, ebd., S. 71: „*locus terribilis*". Ein schönes Beispiel für die verführerische Doppelnatur dieser Lokalität liefert etwa zur selben Zeit Thibaut de Champagne, König von Navarra (1201–1253), mit einer Pastorelle, die mit den Worten beginnt:

L'autrier par la matinee,	Neulich, am Vormittag,
entre un bois et un vergier,	habe ich zwischen einem Wald und einem Obstgarten
une pastore ai trouvee	eine Hirtin getroffen,
chantant por soi envoisier.	singend, um sich zu erheitern.

Fichte u. a. (Hg.), *Das Streitgedicht im Mittelalter*, 2019, S. 250.

[119] Siehe die Abb. in Schöner, *Staufische Herrscher als Minnesänger*, 2014, S. 67.

Sol ich nu klagen die heide

1 – Sol ich nu klagen die heide?
Dâst ein iâmer grôz
gegen mîner nôt,
in der ich stæte brinne.
Ich muoz verzagen, vor leide   5
stên ich fröiden blôz.
Ir munt sô rôt
beröubet mich der sinne.
Wie solt ich iemer fröide alsô gewinnen?
Der ich vor allen frowen her gedienet hân,   10
diu will mich lân
verderben nâch îr minnen.

2 – W[ol]de sî entstân der triuwen,
die mîn herze hat
gegen ir erdaht,   15
sô wær mîn trûren kleine.
Sî sol sich lân geriuwen
wol der ungetât,
dies an mir maht
nu lange, diu vil reine,   20
daz sî mîn herze lât in ungemüete
und ich mich ie mit dienste in ir genâde bôt.
Mîn fröide ist tôt,
mich entrœeste ir wîbes güete.

Edition: Michael Gerhard und Caroline Regina Schöner, *Staufische Herrscher als Minnesänger und ihre Beziehung zur volkssprachlichen Liedkunst.* Göppingen: Kümmerle Verlag 2014, S. 68–73.

Soll ich nun der Heide klagen?

1 – Soll ich nun der Heide klagen?
Das ist ein großer Jammer
angesichts meiner Not,
in der ich ständig brenne.
Ich muss verzagen, vor Schmerz   5
stehe ich ohne Freuden da.
Ihr ach so roter Mund
raubt mir die Sinne.
Wie sollte ich so jemals Freude erringen?
Die, der ich seit jeher vor allen Frauen gedient habe,   10
will mich vergehen lassen,
verlangend nach ihrer Minne.

2 – Wollte sie sich der Treue erinnern,
die mein Herz
ihr offenbart hat,   15
dann wäre mein Trauern gering.
Sie soll Reue empfinden
über das Unrecht,
das sie mir antut
schon seit langem, die Reine,   20
dass sie mein Herz betrübt sein lässt,
obwohl ich mich immer dienend ihrer Gnade unterwarf.
Meine Freude ist tot,
es sei denn, mich tröste ihre weibliche Güte.

III Anhang: Poetische Zeugnisse der Zeit

Einführung

Zumindest die literaturwissenschaftlich geschulten Leser könnten vermuten, dass es hier um Probleme der Rezeptionstheorie und der Intertextualität gehe, also um literarische Reaktionen von Autoren auf die Werke anderer Autoren, in diesem Falle die lyrischen Texte der Staufer.[120] Das aber ist nicht der Grund für die Aufnahme der folgenden Gedichte in einen Anhang. Intertextualität spielt zweifellos eine große Rolle in den Liedern der Trobadors, der Trouvères, der Minnesänger und der Dichter der *Scuola Siciliana* als ihre Leser. Es gehört geradezu zur Dichtungsauffassung der Zeit, dass man die Texte der Kollegen nicht nur kennt und sich von ihnen inspirieren lässt, sondern auch, dass man deren Form bis in die Stropheneinteilung, die Zeilenlänge und die Metrik übernimmt, ohne damit in den Verdacht eines Plagiats zu kommen. Ganz im Gegenteil: Indem die Sänger mit und in ihren eigenen Texten, sog. Kontrafakturen, auf schon existierende Prätexte oder Melodien antworten, beweisen sie ihr Können und schaffen jenes Netzwerk, das vom 12. bis zum 14. Jahrhundert eine einzigartige sprachübergreifende Gemeinschaft von großer poetischer Differenziertheit und Harmonie geschaffen hat. Für die moderne Forschung ist damit zugleich die Möglichkeit gegeben, zweifelhaft überlieferte Texte einem bestimmten Autor zuzuweisen[121], aber auch Datierungs- und Einflussfragen zu beantworten, die sich bei formal oder inhaltlich völlig disparaten Texte gar nicht stellen würden.

Doch darum geht es wie gesagt hier nicht. Hier haben wir es mit Autoren zu tun, die die Erscheinung und das Schicksal der Staufer als reale historische Persönlichkeiten ihrer Zeit zum Thema von Gedichten machen, nicht deren literarische Hervorbringungen. Es wird schnell erkennbar, dass dabei nicht die historische Wahrheit einer Chronik oder eines Erlebnisberichtes zählt, sondern dass wir es hier mit durchaus subjektiven Stellungnahmen zu tun haben. Dafür kommen natürlich vor allem die provenzalischen, norditalienischen und deutschen Minnesänger in Frage, die ja immer wieder auch persönlich von den Folgen der politischen und militärischen Entscheidungen der Staufer betroffen waren.[122] Es konnte deshalb nicht ausbleiben, dass

---

[120] Vgl. zu diesem Konzept Martínez, „Dialogizität, Intertextualität, Gedächtnis", 1996.
[121] So etwa im Falle des Liedes *Donna, lo fino amore* von Friedrich II., das Joachim Schulze aufgrund identischer Motive und metrischer Argumente dem Kaiser zuweist (vgl. *Amicitia vocalis*, 2004, S. 116–120, und die Kommentierung des Liedes hier, s. o.).
[122] O. Schulz-Gora führt 1902 in einer Liste 33 Trobador-Lieder auf, in denen Kaiser Friedrich II. eine Rolle spielt, namentlich oder mit der Bezeichnung *re* oder *emperador*, positiv oder

dabei neben zustimmenden auch kritische, ja scharf polemische Stimmen zu hören sind, so wenn Aimeric de Peguilhan und Guilhem Figueira den Kaiser bzw. Konradin emphatisch loben, und Walther von der Vogelweide sich bei Friedrich II. enthusiastisch für ein Lehen bedankt. Doch es kommt auch vor, dass derselbe Sänger, z. B. Guilhem Figueira, einmal positiv und einmal negativ auf das Verhalten des Kaisers reagiert, je nachdem, wie dieser handelt oder ihn behandelt. Für uns aber ist das eine Chance, für einen Moment gleichsam wie durch eine halb geöffnete Tür auf die reale Lebenswelt des 13. Jahrhunderts zu blicken.

negativ (*Ein Sirventes von Guilhem Figueira*, 1902, S. 33–38). Vincenzo De Bartholomaeis hat diese Liste zehn Jahre später in einem Vortrag vor der Akademie der Wissenschaften in Bologna um 13 weitere Texte ergänzt und 1931 in einer zweibändigen Ausgabe zusammen mit anderen poetischen Texten der Zeit publiziert (De Bartholomaeis, *Poesie provenzali*, 1931).

Aimeric de Peguilhan

Das Leben des Trobadors Aimeric de Peguilhan ist zwischen 1190 und 1221 gut dokumentiert, da es mit mehreren Berufskollegen und Feudalherren verknüpft ist, deren Lebensdaten und Regierungsdaten bekannt sind. Gebürtig aus einer Tuchhändlerfamilie in Toulouse, ist Aimeric de Peguilhan, wenn man einer wenig später geschriebenen Biographie (*vida*) Glauben schenken darf, gezwungen, wegen einer Liebesaffäre mit einer verheirateten Frau seine Vaterstadt zu verlassen. Er wird zum wandernden Sänger, allerdings immer wieder mit Anstellungen an Fürstenhöfen in Katalonien, Kastilien und später Italien, wo er auch starb.[123] Fünfzig Lieder – Liebesgedichte, Streitgedichte, Lobgedichte auf die verschiedenen Fürsten – sind von ihm überliefert und weisen ihn als einen routinierten und anerkannten Sänger aus.[124]

Das hier aufgenommene Lied könnte aus Anlass von Friedrichs Kaiserkrönung 1220 in Rom geschrieben worden sein, mit der der sechsundzwanzigjährige Staufersprössling, der bis dahin den Beinamen *infans*, „das Kind" („enfan", v. 28) trug, politisch erwachsen wurde. Auffällig ist allerdings, dass die in der ersten Strophe erwähnten historischen Personen alle schon sechs Jahre zuvor und früher gestorben sind.[125] Doch den meisten von ihnen gilt mehrfach sein poetisches Lob. Friedrich II. werden jedoch nicht nur zentrale höfische Werte wie Verdienst („pretz", v. 6 u. 9) und Großmut („Do[n]s", v. 6 u. 10) zugeschrieben[126], sondern, beginnend mit der zweiten Strophe, auch das Verdienst, ein guter (politischer) Arzt zu sein, das zentrale Metaphernfeld des Liedes („gueritz del mal, metge, mezinar, meggia"). Das gilt für den Kaiser sowohl im übertragenen Sinne, also politisch, wie auch historisch, als Schutzherr der ersten, schon im 10. Jahrhundert entstandenen Medizinhochschule Europas in Salerno (v. 12: „Salern"). Friedrich hat die *Schola Medica Salernitana* 1231 in den Konstitutionen von Melfi zur einzig maßgebenden in seinem Reich erklärt. Wir sehen hier, dass Friedrich seiner Zeit in ganz Europa als Neuerer und staatsmännisches Vorbild vor Augen stand.

---

[123] Vgl. Martín de Riquer, *Los trovadores*, 1975, Bd. II, S. 963–967, die *vida* ebd., S. 967.
[124] Dante zitiert eines seiner Lieder in *De vulgari eloquentia* (II, 6).
[125] Alfons VIII. von Kastilien (gest. 1214; nicht zu verwechseln mit dem großen Trobador-Mäzen Alfons II. von Aragón), und sein Sohn Fernando; Pedro II. von Aragón (gest. 1213; sein Nachfolger Pedro III. war mit Konstanze, einer Enkelin Friedrichs II., verheiratet); Don Diego López de Haro, Herr von Biscaya; Azzo VI. d'Este (gest. 1212). Die Identität von Salados ist ungeklärt.
[126] Verdienst und Großmut (Freigebigkeit), die hier und in der nächsten Strophe genannt werden, sind zentrale höfische Werte der Adelskultur. Zu den Entsprechungen in der deutschsprachigen höfischen Literatur vgl. Ehrismann, *Ehre und Mut, Aventiure und Minne*, 1995, z. B. *werdekeit* und *genâde*. Auf die Freigebigkeit ist auch das Wortspiel „fre de ric" (Hemmnis der Reichen) am Ende des Liedes von Aimeric de Peguilhan gemünzt.

En aquelh temps

1 – En aquelh temps que·l reys mori N'Amfos,
e sos belhs filhs qu'era plazens e bos,
e·l reys Peire de cui fon Araguos,
e·N Dieguos qu'era savis e pros,
e·l marques d'Est e·l valens Salados, 5
ladonc cugei que fos mortz Pretz e Dos,
si qu'ieu fui pres de laissar mas chansos;
mas ar los vey restauratz ambedos.

2 – Pretz es estortz, qu'era guastz e malmes,
e Dons gueritz del mal qu'avia pres, 10
q'un bon metge nos a Dieus sai trames
deves Salern, savi e ben apres,
que conoys totz los mals e totz los bes
e mezina quascun segon que s'es;
et anc loguier no·n demandet ni ques, 15
anz los logua, tant es francs e cortes.

3 – Anc hom no vi metge de son joven
tan belh, tam bo, tan larc, tan conoissen,
tan coratgos, tan ferm, tan conqueren,
tam be parlan ni tam ben entenden, 20
que·l be sap tot e tot lo mal enten,
per que sap mielhs mezinar e plus gen,
e fa de Dieu cap e comensamen,
que l'ensenh'a guardar de falhimen.

4 – Aquest metges sap de meggia tan, 25
et a l'engienh e·l sen e·l saber gran,
qu'elh sap ensemps guazanhar mezinan
Dieu e secgle. Guardatz valor d'enfan!
Que·l sieu perden venc, metent e donan,
sai conquerir l'emperi alaman. 30
Hueymais cre ben, quom que·y anes duptan,
lo fag qu'om di d'Alixandr'en comtan.

5 – Aquest metges savis, de qu'ieu vos dic,
fon filhs del bon emperador Enric,
et a lo nom del metge Frederic, 35
e·l cor e·l sen e·l saber e·l fag ric,
don seran ben mezinat siey amic
e·l trobaran cosselh e bon abric.
De lonc sermon deu hom far breu prezic,
que ben cobram lo gran segon l'espic. 40

6 – Be pot aver lo nom de Frederic,
que·l dig son bon e·l fag son aut e ric.

7 – Al bon metge maiestre Frederic
Di, meggia, que de meggar no·s tric.

Edition: William P. Shepard u. Frank M. Chambers, *The poems of Aimeric d Peguilhan*. Evanston-Illinois 1950, S. 146 (XXVI) = Martín de Riquer, *Los trovadores*, 1975, Bd. II, S. 974–976 (mit spanischer Übersetzung).

Zu jener Zeit

1 – Zu jener Zeit, da der König Alfons starb
und sein schöner Sohn, der angenehm und gut war,
und der König Pedro, dem Aragón gehörte,
und Don Diego, der weise war und verdienstvoll,
und der Markgraf Azzo Este und der tapfere Salados,   5
da glaubte ich, dass Verdienst und Großmut gestorben seien,
sodass ich fast soweit war, meine Lieder aufzugeben.
Aber nun sehe ich beide wiederhergestellt.

2 – Verdienst, das verdorben war und schlecht behandelt,
und Großmut sind geheilt vom erlittenen Übel,   10
denn Gott hat uns einen guten Arzt hergeschickt,
von Salerno, weise und gut ausgebildet,
der alle Übel kennt und alles Gute
und jeden ihm entsprechend heilt;
und nie erbat oder forderte er Lohn dafür,   15
sondern er belohnt sie, so freigebig und edel ist er.

3 – Nie sah ich einen Arzt in seiner Jugend
so schön, so gut, so großmütig, so intelligent,
so mutig, so sicher, so gewinnend,
so beredt und so verständnisvoll,   20
der alles Gute weiß und das Schlechte versteht,
weshalb er besser und leichter zu heilen weiß
und Gott zum Ziel und zum Anfang macht,
der ihn lehrt, den Irrtum zu vermeiden.

4 – Dieser Arzt versteht von der Heilkunst so viel   25
und hat das große Talent, den Verstand und das Wissen,
denn er versteht es, praktizierend gleichermaßen
Gott und die Welt zu gewinnen. Seht, welche Kraft im Kind!
Denn er kam und opferte das Seine, spendete und gab,
um das deutsche Kaiserreich zu gewinnen.   30
Seitdem glaube ich, obwohl ich daran zweifelte,
an die Taten, die man von Alexander erzählt.

5 – Dieser weise Arzt, von dem ich euch spreche,
war der Sohn des guten Kaisers Heinrich,
und hat den Namen des Arztes Friedrich   35
und das Herz und den Verstand und das Wissen und edle Taten,
womit seine Freunde gut behandelt werden
und Rat und Schutz finden.
Aus langer Rede soll man eine kurze Predigt machen,
denn wir ernten das Korn entsprechend der Ähre.   40

6 – Gut kann er den Namen Friedrich tragen,
denn seine Worte sind gut und seine Taten hochherzig und edel.

7 – Dem guten Arzt Meister Friedrich
Sage du, Medizin, dass er bald behandle.

Guilhem Figueira

I

Guilhem Figueira gehört zu jenen fahrenden Sängern, deren Schicksal es ist, sich von Hof zu Hof durchzuschlagen und sich die Gunst ihrer jeweiligen Herren durch Lieder zu bewahren, in denen sie deren Lob singen. Er teilt dieses Schicksal z. B. mit Walther der von Vogelweide und mit Reinmar von Zweter, deren existentielle Abhängigkeit man an den Positionswechseln ablesen kann, die sie im eigenen Interesse oft vornehmen mussten, Walther im Übergang von Otto IV. zu Friedrich II., dem er schließlich sein Lehen verdankt, und Reinmar von Zweter in der Abwendung von Friedrich unter dem Eindruck der zweiten Exkommunikation des Kaisers durch Papst Gregor IX. 1239 (s. u.). Für die Trobadors ist es Oberitalien, in dem sie Schutz vor den politischen Wirren und Verfolgungen in der Provence und in Spanien suchen und finden. Das hat ganz entscheidend zur Verbreitung des altprovenzalischen Minnesangs in Italien und bis nach Sizilien beigetragen.

Zu diesen heimatlos gewordenen Sängern gehören also auch Guilhem Figueira und Taurel, an den Guilhem Figueira sein Loblied auf Friedrich richtet. Es gehört zur Gattung der Sirventes, die es so in der *Scuola Siciliana* nicht gibt und enthält eine Fülle an Informationen, wie sie typisch ist für das bei den Sizilianern unbekannte Sirventes.[127] Denn es ist die politische Aktualität, die hier die Hauptrolle spielt, nicht die poetische Form und die Minne-Philosophie wie am Hofe Friedrichs II. Im Gegenteil, im Sirventes ist es üblich und erlaubt, die lyrische Form eines schon existierenden Liedes zu übernehmen, sozusagen als Ausweis der handwerklichen Könnerschaft und der Vertrautheit mit dem Liedschaffen der Kollegen: Der Inhalt ist wichtiger als die Form!

Das erste Sirventes von Guilhem de Figueras enthält wie auch das zweite eine Menge historischer Namen und Anspielungen, die z. T. nicht mehr ergründbar sind. Wie nicht anders zu erwarten, sind es hier zunächst die Auseinandersetzungen mit dem Papst, die Friedrich schon vom Großvater Friedrich Barbarossa (vgl. I, v. 22) geerbt hat, sein Kampf mit den lombardischen Städten, die Orientpolitik und die Kreuzzüge[128], der Streit um so wichtige Städte wie Beirut und Askalon, die Insel Zypern und vor allem die friedliche Eroberung Jerusalems in Verhandlungen mit dem dortigen Sultan. Sie alle zählt Guilhem Figuaira auf. Auch Friedrichs Ruf als wissensbegieriger Forscher hat Eingang in das Lied gefunden und veranlasst den

---

[127] Vgl. zur Gattung Emil Levy in seiner Ausgabe der im Jahre 1880 bekannten Lieder von Guilhem Figueiras (*Guilhem Figueira*, 1880, S. 15–21). Die beiden Sirventes werden hier nach der neuen kritischen Ausgabe von Cecilia Cantalupi zitiert (C. C., *Il trovatore Guilhem Figueira*, 2020), die sich in ihren detaillierten Erläuterungen zu textuellen und historischen Problemen u. a. auch noch auf die Ausgaben von Emil Levy und Otto Schultz-Gora stützt.
[128] Vgl. das unten erwähnte Kreuzzugslied „Totz hom qui ben comens'e ben fenis". (Lied 3.4.5 bei Cecilia Cantalupi).

Trobador, dem Kaiser prophetische Qualitäten (I, v. 35/36) zuzusprechen. Fehlen darf schließlich wie in den Sprüchen Walthers auch nicht das Thema der Freigebigkeit. Guilhem Figueira, der aus einfachen Verhältnissen in Toulouse stammt, ist aus durchsichtigen Gründen voll des Lobes für Friedrich. Inwieweit das der Realität entspricht, muss dahingestellt bleiben, ebenso, wie auch der Sinn des Warenverkaufs (I, v. 61/62) von Taurel rätselhaft bleibt. Die Deutung des Namens Friedrich als „Hemmnis der Reichen" (I, v. 64), die Guilhem Figueira an den Schluss seines ersten Liedes stellt, gehört ebenfalls hierher. Sie dürfte von Aimeric de Peguilhan übernommen sein[129], mit dem Guilhem Figueira auch im poetischen Dialog steht.[130]

II

Gänzlich anders dagegen das zweite Lied. Guilhem Figueira kritisiert in diesem Sirventes, das sich schon mit seinem ähnlich klingenden Anfang als eine Rücknahme der Lobeshymnen des ersten Lied präsentiert, Friedrichs Umgang mit den Städten der Lombardei, hier Mailand, und er tut dies in einer Schärfe, die an die wütenden Angriffen des Trobador Uc de Saint-Circ auf den Kaiser erinnert.[131] Aus der von persönlichen Beleidigungen nicht freien Invektive (II, Str. 5 und 6) spricht hier aber nicht Hass, sondern das Unverständnis, mit dem ein Anhänger des Kaisers auf dessen auffälliges Zögern im Kampf mit Mailand reagiert und sich stattdessen scheinbar verantwortungslos den Freuden der Jagd hingibt, an die uns Guilhem Figueira in der sechsten Strophe im Detail erinnert, wie auch an die Prachtentfaltung seines Hofes. Dazu gehörte auch der berühmte Elefant, ein Geschenk des Sultans Alkamil. Der Kaiser führte ihn 1235 überall in Oberitalien mit sich und machte damit bei öffentlichen Anlässen großen Eindruck.[132] Dass Friedrich zur selben Zeit diplomatisch und militärisch auch weiterhin auf die Niederwerfung der vier Städte Mailand, Bologna, Piacenza und Brescia sann, blieb unserem Trobador offenbar verborgen.

Die Verwicklungen im König Jerusalem, von denen in der vierten Strophe die Rede ist[133], gehören zu den Auseinandersetzungen, mit denen auch Friedrich vor der Aufgabe stand, das Heilige Land zurückzuerobern, sei es militärisch durch Kreuz-

---

[129] Vgl. Aimeric de Peguilhan, *En aquelh temps*, v. 41/42 (s. o.), und die Lieder 3.4.1, 3.4.3 und 3.4.4 in der Ausgabe von Cecilia Cantalupi.

[130] *Guilhem Figueira*,1880, S. 55–58 (Lied Nr. 9 und 10).

[131] *Poésies de de Uc de Saint-Circ*, 1913, S. 96–99 (Nr. XXIII).

[132] Dass die opulente Hofhaltung Kaiser Friedrichs kein Einzelfall ist, kann ein Blick nach England lehren, auf den Hof Heinrichs II., der eine Generation vor Kaiser Friedrich II. in England regierte (1154–1189), und dessen Frau die berühmte Gönnerin und Schutzherrin der Trobadore Eleonore von Aquitanien. (Vgl. Pernoud, Aliénor, 1965). Ihre dritte Tochter Johanna war mit dem Normannenkönig von Sizilien, Wilhelm II., verheiratet, nach dessen Tod Sizilien an Friedrich II. fiel. Zu Heinrich II. von England vgl. Sybille Schröder, *Macht und Gabe. Materielle Kultur am Hof Heinrichs II. von England*, 2004.

[133] *Ein Sirventes von Guilhem Figueira*, 1902, S. 25–27.

züge oder friedlich durch Verträge. Auch Guilhem Figueira erinnert ihn an diese Aufgabe. Ein Kreuzzugslied von ihm beginnt in Erinnerung an das öffentliche Gelöbnis, das Friedrich 1215 bei seiner Krönung in Aachen abgegeben hatte, mit den Worten „Totz hom qui ben comens'e ben fenis" und endet mit einer *tornada* (Geleitstrophe), in der ihm der Trobador mit dem Reimschema der letzten Strophe poetisch korrekt noch einmal Lob und Ermahnung mit auf den Weg gibt:

> Reys Frederics, vos etz frugz de joven
> e frugz de pretz e frugz de conoyssensa,
> e si manjatz del frug de penedensa,
> feniretz be lo bon comensamen.[134]

> (König Friedrich, Ihr seid eine Frucht der Jugend
> und eine Frucht des Wertes und eine Frucht des Wissens,
> und wenn Ihr von der Frucht der Reue esst,
> werdet Ihr das gute Beginnen gut zu Ende bringen.)

Das Schmählied auf den Kaiser ist deshalb wohl kein Zeugnis eines Sinneswandels, sondern Ausdruck tiefer Enttäuschung, die den für seine affektive Heftigkeit bekannten Trobador ergriffen hatte. Das Lied geht deshalb auch an einen treuen Parteigänger Friedrichs, Manfred II. Lancia, eine weitere Hassfigur für den schon genannten Uc de Saint-Circ.[135]

---

[134] Lied 3.4.5 bei Cecilia Cantalupi und *Canzoni di crociata*, 2001, S. 230–235 (= *Guilhem Figueira*, 1880, S. 49–52), jeweils mit italienischer Übersetzung.
[135] Vgl. *Ein Sirventes von Guilhem Figueira*, 1902, S. 31–32, und *Poésies de Uc de Saint-Circ*, 1913, S. 83–86 (Nr. XIX).

I

1 – Un nou sirventes ai en cor que trameta
a l'emperador a la gentil persona,
qu'eras m'a mestier qu'en son serviz·m meta,
que nulhs hom plus gen de lui non guazardona,
qu'elh gieta·l paubre de paubreira   5
e·l valen melhur'e e reve;
per qu'es dreitz qu'el guazanh e conqueira,
pus tan fai d'onor e de be.
Equasqus hom deu benezir la via
de tan bon senhor, per on el va e ve;   10
et ieu benezisc lei per ma dona Dia
e per En Taurel, quar tan gen se capte.

2 – Non tenc per senat home que s'entremeta
de far a luy tort, qu'om plus greu non perdona,
tro qu'el pot venjar; e guardatz de Guayeta,   15
cum el la detrus. Fols es qui ab luy tensona,
quar trop es sa forsa sobreira.
Quar li tensonet no sai que
… … … … … … … … … … … … …
… … … … … … … … … … … …   20
Mout be s'es venjatz de la falsa clercia
e del papa mielhs que son avi non fe.
Segurs pot estar dedins s'albergaria,
que tug siey guerrier li van clamar merce.

3 – En bon ponh fon natz et en bona planeta   25
nostr'emperador, qu'om a tort ochaizona,
qu'eras son Lombart vengut tro a Barleta
per rendre a luy totz los dregz de la corona,
e Genoal liren la ribeyra
e totas las terras q'ilh te,   30
e tant es yssida sa baneyra
qu'om no·s pot defendre a se.
Ad aital senhor tanh ben la senhoria,
quar el sap be far so que·s tanh ni·s cove,
et es tan sabens d'artz e d'estronomia   35
qu'el ve e conoys enans so que ave.

4 – Mout fes outra mar onrad'obra e neta,
que Jheruzalem conques et Escalona,
que anc no i pres colp de dart ni de sageta,
quan li fe·l soudan honrada patz e bona.   40
Pueys tenc en Chipre sa careira,
e lay mostret tan bona fe,
e mostret lialtat tan enteira
qu'al don de Barut en sove,

I

1 – Ein neues Sirventes habe ich im Sinn,
das dem Kaiser, dieser edlen Person, übermittle,
dass ich jetzt in seinen Dienst treten muss.
Denn kein Edlerer als er verteilt Lohn,
er nimmt dem Armen die Armut, 5
den Verdienstvollen bessert und erneuert er.
Deshalb ist es rechtens, dass er belohnt und erobert,
tut er doch soviel für die Ehre und das Gute.
Deshalb muss jedermann den Weg
eines so guten Herrn segnen, wo immer er geht und kommt. 10
Und ich segne ihn wegen meiner Dame Dia
und wegen Herrn Taurel, denn der verhält sich so angemessen.

2 – Den halte ich nicht für gesund, der es unternimmt,
ihm Schaden zuzufügen, denn der Mensch vergibt Schlimmeres nicht,
bis er es rächen kann; und schaut auf Gaëta, 15
wie er es zerstörte. Verrückt ist, wer mit ihm streitet,
denn seine Überlegenheit ist zu groß.
Denn der Streitende weiß nicht,
……………………………………………
…………………………………………… 20
Sehr gut hat er sich am falschen Klerus gerächt
und am Papst besser, als sein Großvater es tat.
In seinem Machtbereich kann man sicher sein,
denn alle seine Krieger werden ihn um Mitleid bitten.

3 – Zu einer guten Stunde und unter einem guten Planeten 25
wurde unser Kaiser geboren, den man zu Unrecht kritisiert,
denn jetzt sind die Lombarden bis nach Barletta gekommen,
um ihm alle Kronrechte zu übergeben
und Genua übergibt ihm die Küste
und alle Gebiete, die es hat, 30
und so stark ist seine Partei,
dass man sich nicht dagegen verteidigen kann.
Einem solchen Herrscher steht die Herrschaft zu,
denn er weiß das zu tun, was ansteht und notwendig ist,
und er ist so gelehrt in Kunst und Astronomie, 35
dass er voraussieht und erkennt, was geschieht.

4 – Er hat in Übersee ehrenvolle und saubere Arbeit geleistet,
eroberte er doch Jerusalem und Askalon,
denn auch uns ersparte er Lanzen- und Pfeilwunden,
als er mit dem Sultan einen ehrenvollen und guten Frieden schloss. 40
Dann brach er nach Zypern auf
und zeigt dort soviel Vertrauen
und zeigte so vollständige Loyalität,
dass sich der Herr von Barut daran erinnert,

cui sols s'eretat per gentil cortezia 45
franc emperador, que n'a tot lo cor ple
e voyt e lavat de tota vilania,
plen de larguetat, e qui·s vol creza·n me.

5 – E qui no m'en cre, deman dona Berreta
o al cavayer de Parm' o de Cremona, 50
aquelh de Darnelh carguet una carreta
de mil onsas d'aur. Ben aja qu'aissi dona!
Totz temps n'amara mais Figueyra
que de luy lauzar no·s recre
ni non ditz paraula messongeira 55
de l'emperador. Que jasse
lo sans Dieus li guart tota sa manentia,
si cum elh ama verai pretz e mante!
Et a mi don Dieus gaug d'amic et d'amia,
e don joy al comte Ramon qu'onor soste. 60

6 – Belhs amics Taurelh, vostra mercadaria
nos la vent hom mal, e vos vendetz la be.

7 – Belhs amics Taurelh, vos e ma dona Dia
devetz ben amar selh c'a nom de ric fre.

Edition: Cecilia Cantalupi, *Il trovatore Guilhem Figueira*. Strasbourg 2020, S. 391–393 (mit italienischer Übersetzung).

dem allein schon er sich mit seinem edlen Anstand 45
als edler Kaiser erwies, der voll des Herzens ist
und sauber und gereinigt von jeder Gemeinheit,
voll der Großzügigkeit; und wer will, möge mir glauben.

5 – Und wer mir's nicht glaubt, frage die Dame Berreta
oder den Ritter von Parma oder den von Cremona; 50
jener von Darnell bringt einen Wagen
und tausend Unzen Gold. Wohl dem, der so gibt!
Immer mehr werde ich, Figueira, den lieben,
der uns durch sein Lob erfreut
und kein Lügenwort 55
über den Kaiser sagt.
Möge der heilige Gott ihm seinen ganzen Reichtum bewahren,
so wie er wahren Wert liebt und erhält!
Und mir gebe Gott den Genuss an Freund und Freundin
und Freude dem Grafen Ramón, der die Ehre erhält. 60

6 – Schöner Freund Taurel,
man verkauft Euch schlecht Eure Ware und Ihr verkauft sie gut.

7 – Schöner Freund Taurel, Ihr und meine Dame Dia
sollt den recht lieben, der den Namen Hemmnis der Reichen trägt.

II

1 – Ja de far un sirventes
    non cal q'om m'ensegn,
q eben hai l'art e·l gien
de dir e mal e bes.
Tant ai vist e apres   5
d'un ric croi sun captengn,
per q'ieu non m'en puesc raire,
e s'ieu als en pogues!
A gran fastic m'o tieng
qar de lui sui chantaire.   10

2 – Mas ira·m forz' e·m destreing
    e·m fai chantador
del nostr'emperador,
q'auci pretz e l'estreing
e tant qant pot s'empeing   15
qe fassa desonor,
per qe be m'es veiaire
qe trop longamen reign,
 qar trop son sei labor
vergoignios per retraire.   20

3 – Li plus fin conoiscedor
    blasmon son afar,
mas ieu no·l voil blasmar,
enanz l'apel segnor
vil e ramponador   25
e cobes et avar
e tal qi non ha gaire
vergogna ni temor
de negun mal estar
q'el puesca dir ni faire.   30

4 – Li franc baro d'outramar
    l'an ben cognogut,
qe molt cuiet mal frut
entre lor semenar,
q'el volc deseritar   35
lo segnor de Barut
e als autres det repaire;
mas no·l poc acabar,
car Dieus per sa vertut
l'en fon a son contraire.   40

II

1 – Um ein Sirventes zu machen,
brauche ich keine Belehrung,
denn ich habe sehr wohl die Kunst und die Fähigkeit,
Schlechtes und Gutes zu sagen.
So viel habe ich gesehen und erfahren   5
über das Verhalten eines schlechten Mächtigen,
dass ich nicht ausweichen kann,
ach könnte ich anders!
Es widerstrebt mir sehr,
dass ich sein Sänger bin.   10

2 – Doch der Zorn zwingt und quält mich
und ich mache mich zum Sänger
unseres Kaisers,
denn er tötet und misshandelt höfischen Wert
und bemüht sich, soviel er kann,   15
Unehrenhaftes zu tun,
weshalb es mir nicht scheint.
dass er zu lange regiert,
sondern dass seine Taten
zu schändlich sind, um sie zu berichten.   20

3 – Die besten Kenner
rügen sein Verhalten,
doch ich will ihn nicht nur rügen,
sondern nenne ihn
einen gemeinen und streitsüchtigen Herrn,   25
gierig und geizig
und so wie jemand,
der weder Scham noch Furcht kennt
vor nichts Schlechtem,
das er sagen oder tun könnte.   30

4 – Die edlen Barone in Übersee
haben ihn gut erkannt,
denn er gedachte schlechte Frucht
unter ihnen auszusäen,
denn er wollte   35
den Herrn von Beirut enterben
und die anderen entschädigen,
doch er konnte es nicht vollbringen,
denn Gott mit seiner Macht
war dabei sein Widersacher.   40

5 – Ara somon c'on l'aiut
    davas totas partz,
qe, passat aquest martz,
vol mostrar son escut
a Melan, mos no·l cut   45
ja sia tant auzartz
qe s'en auz enanz traire,
si tot l'a convengut,
car es vils e coartz
et avols guerreiaire.   50

6 – E cuia venzer Lombartz
    totz a son coman,
pero qar vai chazan
per bosc e per eissartz
ab cas et ab leopartz?   55
E qar mena aurifan?
Ben e fols l'enperaire
e nescis e musartz,
si zo qe vai pezan
cuia tot a cap traire.   60

7 – Non traira, per San Johan,
    ugan tot a cap
son penzer ni sun gap;
aisso·us pliu e vos man.
Doncs de qe pessa tan?   65
Q'unz penz' et autre sap,
e totz nescis penzaire
perchaza leu son dan
tro qe ven a mescap,
si s'en pot leu estraire.   70

8 – A Manfrei Lanza·l man,
car el conois e sap
alques de son afaire.

Edition: Cecilia Cantalupi, *Il trovatore Guilhem Figueira*. Strasbourg 2020, S. 416–419 (mit italienischer Übersetzung).

5 – Nun fordert er,
dass man ihn allseits unterstütze,
weil er nach diesem März
seinen Schild zeigen will,
in Mailand, doch sein Plan 45
ist nicht schon so kühn,
dass er es wagt, vorzurücken,
obwohl es nötig ist,
denn er ist niedrig und feige
und ein miserabler Krieger. 50

6 – Und er glaubte die Lombarden zu besiegen
ganz nach seinem Willen,
doch warum geht er dann jagen
in den Wäldern und Brachen
mit Hunden und Jagdleoparden? 55
Und warum führt er einen Elefanten mit sich?
Er ist wirklich ein verrückter Kaiser
und einfältig und ein Zauderer,
wenn er das, was schwer ist,
zu Ende zu führen gedenkt. 60

7 – Er wird, beim Heiligen Johannes,
dieses Jahr nichts zu Ende bringen,
weder seine Pläne noch seine Drohungen,
das versichere und sage ich Euch.
Worauf will er also hinaus? 65
Denn der eine denkt und der andere weiß
und jeder törichte Planer
verdrängt leicht seinen Schaden,
bis es zur Katastrophe kommt,
und doch kann er sich dem leicht entziehen. 70

8 – Ich sende dies Manfred Lanza,
denn er kennt und weiß
einiges von seinem Tun.

Walther von der Vogelweide

Die beiden hier aufgenommenen sogenanntenn „Töne" – die altgermanistische Forschung zählt sie zu den sog. König-Friedrichs-Tönen – legen von zweierlei Zeugnis ab: Zum einen wie bei Aimeric de Peguilhan und Guilhem Figueira von der Abhängigkeit der fahrenden Minnesänger von ihren jeweiligen fürstlichen Gönnern und Beschützern und zum anderen in diesem besonderen Fall von dem ungeheuren Selbstbewusstsein, mit dem Walther dieser Situation begegnet. Er ist ganz ohne Zweifel einer der größten, wenn nicht der größte Sänger der mittelhochdeutschen Lyrik und tritt den Fürsten mit dem Anspruch auf Anerkennung und entsprechende Entlohnung seiner künstlerischen Leistung entgegen, ja in dem Lied *Ob ich mich selben rüemen sol* beansprucht er bei der Geliebten sogar einen Platz vor dem Kaiser.[136] Zur Vorgeschichte gehört in diesem Falle die Abwendung von Kaiser Otto IV., dem der Sänger Wortbrüchigkeit und mangelnde Freigebigkeit vorwirft,[137] und die Hinwendung zu Friedrich II. Er misst Ottos mangelnde Freigebigkeit provokativ an dessen außergewöhnlichen Körpergröße und vergleicht diese Diskrepanz mit derjenigen des eher kleinwüchsigen, aber großzügigen Friedrich, ein an sich schon erstaunliches Verfahren für ein Urteil über fürstliche Gunst:

> Dô ich dem künige brâhte daz mez, wie er ûf schôz!
> Sîn junger lîp wart beide michel und groz.
> Nu seht waz er noch wahse: erst ietze über in wol risen grôz.[138]

> (Als ich dasselbe Maß dem König nahm, wie schoss er hoch!
> Seine junge Gestalt wurde groß und stattlich.
> Nun seht, wie er noch wachsen wird: Schon jetzt überragt er ihn wie ein Riese.)

Walther wendet sich nun direkt an den Kaiser, wobei er gleich eingangs wieder eine erstaunlicher Parallelität herstellt, nämlich zwischen der physischen Not, die er trotz seiner reichen Kunst ertragen muss (I, v. 2 f.), und der politischen Not des Königs. Hier handelt es sich wohl um eine Anspielung auf den Widerstand, den die deutschen Fürsten 1220 Friedrichs Vorhaben entgegensetzten, seinen Sohn Heinrich zum deutschen König krönen zu lassen. Das leibliche Wohl eines Minnesängers mit dem hochpolitischen Machtpoker der Fürsten in Verbindung zu bringen, das ist schon

---

[136] Vgl. Kellner, *Spiel der Liebe*, 2018, S. 486–490.
[137] „Ich hân hêrn Otten triuwe, er welle mich noch rîchen. /Wie genam aber er mîn dienest ie sô trügelîchen, / ald waz bestêt ze lônenne des künic Friderîchen?" und „Ich wolte hêrn Otten milte nâch der lenge mezzen, /dô hât ich mich an der mâze ein teil vergezzen. Wær er sô milt als lang, er hete tugende vil besezzen." (Walther von der Vogelweide, *Werke* I, 2019, S. 118 u. 120.)
[138] Ebd., S. 508. Dieser Ton ist, wie die Bezeichnung „künige" für Friedrich beweist, nach dessen Wahl zum deutschen König 1212 entstanden.

bemerkenswert. Es gibt deshalb auch eine Parodie auf diesen Ton, in der sich ein Schweizer Minnesänger in Anspielung auf den ersten Vers von Walthers Bittgedicht von dessen Vorgehen distanziert: „Der welte voget, des himels künic, ich lobe iuch gerne".[139] Doch Walthers Coup wird vom Erfolg gekrönt, er kann aus der Hand des Königs ein Lehen entgegennehmen, das ihm künftig Schutz und Halt bieten soll. Es ist Vermutungen zufolge ein Gehöft in der Nähe von Würzburg.

---

[139] Ulrich von Singenberg, „Der welte voget", in Walther von der Vogelweide, *Werke* 1, 2019, S. 384 f. Vgl. Ploss, „Walters Spruch 28, 1–10 und die Parodie des Singenberger", 1972.

I *Von Rôme voget, von Pülle künic*

Von Rôme voget, von Pülle künic, lât iuch erbarmen,
daz man bî rîcher kunst mich lât alsus armen.
Gerne wolte ich, möhte ez sîn, bî eigenem fiur erwarmen.
Ahî, wie ich danne sunge von den vogellînen,
von der heide und von den bluomen, als ich wîlent sanc!   5
Swelch schœne wîp mir gebe danne ir habe danc,
der lieze ich lilien unde rôsen ûz ir wengel schînen.
Kume ich spâte und rîte fruo, „gast, wê dir, wê!"
Sô mac der wirt wol singen von dem grüenen klê.
Die nôt bedenkent, milter künic, daz iuwer nôt zergê.   10

II *Ich hân mîn lêhen*

Ich hân mîn lêhen, al die werlt, ich hân mîn lêhen!
Nu enfürhte ich niht den hornunc an die zêhen
und wil alle bœse hêrren dester minre flêhen.
Der edel künic, der milte künic, hât mich berâten,
daz ích den sumer luft und in dem winter hitze hân.   5
Mînen nâhgebûren dunke ich verre baz getân:
Si sehent mich niht mêr an in butzen wîs als si wîlent tâten.
Ich bin ze lange arm gewesen âne mînen danc,
ich was sô vol scheltens daz mîn atem stanc.
Daz hât der künic gemachet reine, und dar zuo mînen sanc.   10

Edition: Walther von der Vogelweide, *Werke*, Band 1: *Spruchlyrik*. Hg. von Günther Schweikle u. Ricarda Bauschke-Hartung. Stuttgart: Reclam ³2019, S. 126 u. 128.

I *Herr von Rom, König von Apulien*

Herr von Rom, König von Apulien, lasst Euch erbarmen,
dass man mich trotz meiner reichen Kunst so darben lässt.
Wie gerne würde ich mich, wenn's möglich wäre, am eignen Feuer
    wärmen!
Ach, wie ich dann sänge von den Vöglein,
von der Heide und von den Blumen, so wie ich einstmals sang!   5
Der schönen Frau, die mir dann danken würde,
der ließe ich die Wangen von Lilien und Rosen leuchten.
Doch komme ich spät und reite ich früh, dann „Fremdling, weh dir,
    weh!"
So mag der Wirt wohl singen von dem grünen Klee.
Die Not bedenket, mildtätiger König, damit Eure Not eine Ende
    nehme!   10

II *Ich hab' mein Lehen*

Ich hab' mein Lehen, alle Welt, ich hab' mein Lehen!
Nun fürchte ich nicht mehr den Februar an den Zehen
und werde alle schlechten Herren um nichts mehr bitten.
Der edle König, der mildtätige König, hat für mich gesorgt,
dass ich im Sommer kühle Luft und im Winter Wärme habe.   5
Bei meinen Nachbarn bin ich viel geschätzter:
Sie sehn mich nicht mehr als Schreckgespenst, wie sie es einst
    taten.
Ich bin zu lange arm gewesen ohne meine Schuld;
ich war so voller Schelte, dass mein Atem stank.
Das hat der König rein gemacht und meinen Gesang dazu.   10

Reinmar von Zweter

Reinmar von Zweter ist ein fahrender Sänger, und zwar ein adliger Sänger, im Unterschied zu Sängern, die keine Ritter sind. Reinmar hält sich, das ist seine Existenzform, ständig an Höfen auf, im Dienste verschiedener Herren und ihrer politischen Ziele. Seine lyrische Gattung ist deshalb nicht so sehr das Liebeslied wie der politische Spruch, mit dem er in der Tradition Walthers von der Vogelweide ungefähr zwanzig Jahre lang, datierbar von 1227 bis 1247, die politischen Wirren der Zeit kommentiert. Reinmar ist kein großer Dichter, doch die Nähe zum Hof macht ihn zu einem wertvollen Chronisten, zunächst bei den Herzögen von Österreich, am Prager Hof König Wenzels I. von Böhmen, und dann bei mehreren kleineren deutschen Fürsten. In Dienste von König Wenzel und in Übereinstimmung mit dessen Parteinahme für Friedrich entstehen die lobenden Sprüche auf den Kaiser und seine Verteidigung gegen den ersten Bannspruch des Papstes 1227, aber auch gegen die Rebellion von Friedrichs Sohn Heinrich (VII.) und gegen die intrigante Geistlichkeit. Reinmars Sprüche spiegeln diese Sicht der Verhältnisse wider.[140]

Der panegyrische Ton der Sprüche 136 und 138 mag leidenschaftlicher Ausdruck der Hoffnung sein, dass der Kaiser, der sich zwischen 1235 und 1237 in Deutschland aufhielt, endlich Ruhe und Ordnung im Reich schaffen möge. Grundsätzlicher Natur ist dabei der Spruch 138, den Reinmar unmittelbar vor dem Mainzer Reichstag 1235 verfasst haben dürfte. Denn der Kaiser macht diesen Reichstag zum Strafgericht über den aufrührerischen Sohn und dessen Anhänger und verspricht zugleich in den Mainzer Konstitutionen die Wiederherstellung der eigenen Autorität: „Auctoritas imperantis in observantia pacis et executione iustitie quantum terribilis est perversis, tantum est desiderabilis mansuetis."[141]

Ab Spruch 143 ändert sich Reinmars Einstellung zum Kaiser, dann aber radikal. Grund dafür mag nicht so sehr die Abwendung seines Dienstherrn König Wenzel von Friedrich unter dem Einfluss seiner papsttreuen Schwester gewesen sein wie der zweite Bannspruch des Papstes 1239. Denn das die päpstliche Bulle begleitende Rundschreiben an die Prälaten enthält ganz ungeheure Beschuldigungen, die den Kaiser als Ketzer brandmarken, als Untier der Apokalypse,, als ägyptische Hure, als Vorläufer des Antichrist, ja als Anhänger der These „homo nihil debet aliud credere nisi quod potest vi et ratione nature probare",[142] eine in Anbetracht der wissenschaftlichen Interessen des Kaisers durchaus verständliche Einschätzung. Reinmar mag diesen Anwürfen mangels anderer Informationen, so etwa der Rechtfertigung des Kaisers selbst, und in Unkenntnis der Kaisertreue der deutschen Bischöfe vorschnell Glauben geschenkt haben. Zutiefst verletzt in seinem religiösen Empfinden schließt er sich der Gegenpartei an und ruft, wie der Spruch 146 zeigt, offen zur Abwahl des Kaisers auf.

---

[140] Die Details zu Reinmars Leben und den politischen Kontext hat Gustav Roethe im ersten, reich dokumentierten Kapitel seiner noch immer maßgebenden Edition der Gedichte versammelt (*Die Gedichte Reinmars von Zweter*, 1887).
[141] Zitiert ebd., S. 57.
[142] Ebd., S. 62.

Der triuwen triskamerhort (136)

      Der triuwen triskamerhort,
ein ankerhaft der stæte,   ein vürgedanc ûf ieglich wort,
ein wahter Cristentuomes,   rœmischer êren gruntveste unde grunt.
Ein bilder houbethafter zuht,
ein volliu gruft der sinne,   ein sâme sældebernder vruht,   5
ein zunge rehter urteil,   ein hant des vrides, gewisser worte ein munt.
Ein houbet, dem nie smit deheine crône,
vol machen kunde, sîner tugent ze lône,
dem houbet suln wir al gelîche
wünschen lange wernder tage: 10
wes lîp, wes herze daz lop trage?
Des suln wir jehen   dem keiser Vrîderiche.

Der keiser will des rîches brôt (138)

      Der keiser will des rîches brôt
niht unverdienet ezzen,   nâch gerihte ist im sô nôt,
sô dem hungerigen bern   nâch honeges süeze nie enwart.
Gerihtes will er sich nû saten,
sîn hôch tragendez swert   muoz durch die schuldehaften waten: 5
Ir vridebrechen, ir wizzet,   daz man iuch von den vride habenden schart.
Swelch tumber sich gein sîner wîsheit wetzet,
der wirt der sinne von sînen sinnen entsetzet-
Volvert er, als ers hât begunnen,
sô hüeten sich vor sînen zügen   10
selphêre hêrren, swâ si mügen!
Der tôren heil   hât widerswal gewunnen.

Daz rîche dast des keisers niht (146)

      Daz rîche dast des keisers niht,
er ist sîn phleger unt sîn voget: ir vürsten, seht ir iht
an im sô schuldehaftes,   dâ von er süle des rîches abe gestân,
sô nemt iu einen, der in zeme
unt ouch dem rîche baz dan er,   unt wartet alle deme: 5
Sît ir dem keiser gram,   die râche lât niht über daz rîche gân.
Ir sult des rîches wol von rehte schône:
Swenne ir dem keiser nû genemt die crône,
swelch iuwer si dan ûf gesetzet,
der sol daz rîche wol entladen   10
beidiu von unrehte unt von schaden:
So werden wir   des keisers wol ergetzet.

Edition: *Die Gedichte Reinmars von Zweter*. Herausgegeben von Gustav Roethe. Leipzig: S. Hirzel 1887, S. 479–481 und S. 484 (= *Mittelalter 2*. Texte und Zeugnisse. Herausgegeben von Helmut de Boor. München: C. H. Beck 1965, S. 1016–1018 und S. 1019).

Reinmar von Zweter, *Sprüche*

Der Hüter der Schatzkammer der Treue (136)

     Der Hüter der Schatzkammer der Treue,
ein Ankergrund der Beständigkeit, ein Garant jeglichen Worts,
ein Wächter der Christenheit, Grundfeste und Grund römischer Ehre,
ein Schöpfer vorbildlicher Zucht,
ein volles Gefäß der Sinne, eine samentragende Frucht,   5
ein Zunge gerechten Urteils, eine Hand des Friedens, verlässlicher
                                 Worte im Mund,
ein Haupt, dem nie ein Schmied eine Krone
vollenden konnte, seiner Tugend zum Lohne.
Dem Haupt sollen wir alle gleichermaßen
langwährende Tage wünschen.   10
Wessen Person, wessen Herz das Lob erhalte?
Das sollen wir dem Kaiser Friedrich spenden.

Der Kaiser will des Reiches Brot (138)

     Der Kaiser will des Reiches Brot
nicht unverdient essen. Nach Gerichten hat er ein solches Bedürfnis,
wie es dem hungrigen Bären nach Honigsüße nie entstand.
Am Gericht will er sich nun sattessen.
Sein hocherhobenes Schwert muss die Schuldigen durchdringen.   5
Ihr Friedensbrecher, ihr wisst, dass man euch von den Friedfertigen trennt.
Welcher Tor sich auch gegen seine Weisheit wende,
dem wird von seinen Gedanken der Verstand geraubt.
Wenn er durchhält, so wie er begonnen hat,
mögen sich vor seinen Zügen   10
eigenmächtige Herren hüten, wo irgend sie können.
Das Glück der Toren hat Gegenstrom bekommen.

Das Reich gehört dem Kaiser nicht (146)

     Das Reich gehört dem Kaiser nicht,
er ist sein Pfleger und sein Schirmherr. Ihr Fürsten, seht ihr etwas
an ihm so Schuldhaftes, dass er deshalb auf das Reich verzichten solle,
so nehmt einen, der euch geeignet erscheint
und auch dem Reiche besser ziemt als er und seid ihm alle dienstbar.   5
Seid ihr dem Kaiser gram, so stellt die Rache nicht über das Reich.
Ihr sollt das Reich geziemend schonen,
wenn ihr dem Kaiser die Krone nehmt.
Wer auch immer von euch sie sich dann aufsetzt,
der soll das Reich entlasten   10
von Unrecht wie von Schaden.
So finden wir Ersatz für den Kaiser.

Der Marner

Über den Marner ist urkundlich nichts bekannt, doch es gibt zahlreiche Zeugnisse seiner dichtenden Zeitgenossen, die seine Bedeutung für die späthöfische Literaturszene in der Zeit nach Kaiser Friedrichs Tod belegen.[143] Er war ein fahrender Sänger, wohl aus dem Schwäbischen, aber kein Ritter und auch kein Geistlicher. Er hat zwar eine Vielzahl religiöser Gedichte in deutscher wie in lateinischer Sprache hinterlassen, aber auch Lehrgedichte und Dichtungen zur politischen Aktualität in den unsicheren Zeiten des kaiserlosen Interregnums. Der hier wiedergegebene Spruch muss deshalb unser Interesse finden, weil er Teil der Tragödie des Staufergeschlechts ist, geschrieben nach König Manfreds Tod 1266 und vor Konradins Aufbruch nach Italien 1267, um dort Karl von Anjou entgegenzutreten. Eine Idealisierung des Enkels von Friedrich, zugleich sozialer und kriegerischer Auftrag, getragen von dem heißen Wunsch der Kaisertreuen, zu denen auch die Ghibellinen in der Toskana und die Adligen in Sizilien gehörten, das Stauferreich möge mit Konradin wieder an Macht gewinnen. So sind auch die Anspielungen zu verstehen, die Erinnerung an Kaiser Friedrich, die Erwähnung der Hafenstadt Akkon, die zu dem von diesem gewonnene Königreich von Jerusalem gehörte[144], der Hinweis auf das Konradin als Erbe zustehende Königreich Sizilien, aber auch auf die Machtbasis des letzten Staufers nördlich der Alpen: Schwaben, Böhmen, Nürnberg und der südlich davon gelegene Sant. Und als „hohes Ziel" (v. 6) die Krönung zum König in Rom. Nichts davon sollte Realität werden.

---

[143] Vgl. *Der Marner*, 1876 (=1965), S. 2–6.
[144] Friedrich II. hatte sich 1225 ohne Krieg diese Königswürde gesichert. 2011 wurde in einem arabischen Viertel von Tel Aviv eine Marmorplatte von 1229 entdeckt, auf der Friedrich II. in arabischer Schrift als „König von Jerusalem" figuriert. Auch Friedrichs Sohn, Konradins Vater Konrad IV., wurde, ohne je im Morgenland gewesen zu sein, zum König von Jerusalem gekrönt, ein Titel, der auf verschlungenen dynastischen Wegen noch heute zu den Titeln de Königs von Spanien gehört.

Got gît sîn gâbe, swem er will

Got gît sîn gâbe, swem er will:
Er hât iu lîp gegeben
und in der kindheit sælden vil;
des sunt ir iuch niht überheben:
êrent ritter, minnent frouwen, grüezent arme gernde diet. 5
Iu ist gesetzet ûf ein zil,
seht für iuch unde neben,
und spilt ez ûf der êren spil.
Behüget an iuwer vordern leben,
der vil maneger krône truoc, biz in der tôt von lebene schiet. 10
Der iu dienet, dem sunt ir genâden sîn bereit.
Iu sî der witwen und der weisen kumber leit.
Hânt di Tiutschen wert;
In iuwerm herzen minnent got, sô tuot er dur iuch, swes ir gert.
Verdienet Âkers, künic rîch, und ouch Ceciljenlant; 15
In iuwer hant
Swâben ist bekannt.
– herzoge sint ir dâ genant –,
swaz Egerlant der gülte hât und Nüerenberc liut und der Sant:
wil ez got, iu kumt noh ûf daz houbet Rœmschiu krône wert. 20

Edition: *Der Marner*. Herausgegeben von Philipp Strauch. Straßburg: Karl J. Trübner 1876, S. 117 (XV, 5; Neudruck: Berlin: Walter de Gruyter 1965).

Der Marner, *Got gît sîn gabe*

Gott gibt seine Gabe, wem er will.

Gott gibt seine Gabe, wem er will.
Er hat Euch das Leben gegeben
und in der Kindheit reichen Segen.
Davon sollt Ihr nicht überheblich werden.
Ehret die Ritter, liebt die edlen Herrinnen, grüßt das arme, bedürftige
    Volk! 5
Euch ist ein hohes Ziel gesetzt.
Blickt nach vorn und neben Euch
und spielt auf zum Spiel der Ehre!
Denkt an das Leben Eures Ahnen,
der viele Kronen trug, bis der Tod ihn vom Leben schied. 10
Wer Euch dient, dem sollt Ihr gnädig sein.
Habt Mitleid mit der Not der Witwen und der Waisen.
Haltet die Deutschen hoch!
Wenn Ihr Gott in Eurem Herzen liebt, dann tut er durch Euch,
    wonach Ihr strebt.
Mächtiger König, verdient Euch Akkon und auch Sizilien! 15
In Eurer Hand
ist Schwaben bekannt
– dort werdet Ihr Herzog genannt –
und ebenso, was Egerland an Einkünften hat, und die Leute aus
    Nürnberg und vom Sant.
Wenn Gott will, kommt Euch noch auf das Haupt die edle römische
    Krone. 20

III.

War's möglich, daß die Forscherkraft versagte
  Dem Meister jetzt, wo es zur Buße ging?
Ich sah, wie er am rechten Weg verzagte,
  Indes sein Auge stets am Boden hing.
Doch ward uns Heil — und bald mir Manfred klagte,
  Wie er gezwungen sei, am Unterring
Den Berg der Gnade irrend zu umwallen,
Weil er im Kirchenbanne einst gefallen.

IV Epilog

Dante Alighieri

Wir befinden uns im zweiten Buch von Dantes *Göttlicher Komödie*, am Fuße des Läuterungsberges. Dante ist soeben mit seinem Betreuer Vergil der Hölle entstiegen und beide suchen einen Weg nach oben, wo die Seelen sich läutern. Da kommt ihnen im Vorpurgatorium eine Gruppe von Seelen entgegen, die hier ausharren müssen, bis sie ihre Vergehen gegen die göttlich Ordnung abgebüßt haben. Einer von ihnen wendet sich direkt an Dante und stellt ihm, als dieser ihn nicht erkennt, seine Geschichte vor. Es ist kein Geringerer als Manfred, eines von den drei Kindern Kaiser Friedrichs mit Bianca Lancia.

Auch Manfred, seit 1258 König von Sizilien, hat seinen Platz in der staufischen Tragödie. Er fiel 1266 in der Schlacht von Benevent im Kampf gegen Karl von Anjou, den Verbündeten des Papstes. Dante lässt ihn sein schmähliches Ende selbst erzählen, eingebunden in die christliche „Rechtsmetaphysik" (Hugo Friedrich) der *Divina Commedia*. Zwar finden Kaiser Friedrich II. und dessen Vater Kaiser Heinrich VI. selbst nicht Erwähnung, doch die Großmutter Manfreds, Kaiserin Constanze, die Gemahlin Heinrichs VI. (v. 113), und Manfreds Tochter, die ebenfalls den Namen Constanze trägt (v. 115 und 143), samt ihrem Sohn Peter III. von Aragón.[145] Da sie erst 1301 gestorben ist, kann Dante, der sein Großgedicht 1300 beginnen lässt[146], sie hier als noch lebend ansetzen und den Jenseitswanderer Dante mit der Botschaft für sie betrauen, für ihn zu beten.

Manfred steht bei Dante hoch im Kurs, er ist es, dem die Ehre widerfährt, zusammen mit seinem Vater als Begründer der italienischen Literatur genannt zu werden, als die großen Helden („illustres heroes"), die sich den *Humaniora* gewidmet haben, nicht niederen Themen („humana secuti sunt, brutalia dedignantes", s. o. Einführung), was auch Dante damit im einzelnen gemeint haben mag. Was aber waren die schrecklichen Sünden (v. 121: „orribil furon li peccati miei"), die Manfred abzubü-

---

[145] Auch der in Manfreds Rede erwähnte „Hirte von Cosenza" und Clemens sind historisch: Kardinal Bartolomeo Pignatelli, Erzbischof von Cosenza, soll auf Befehl von Papst Clemens IV. verfügt haben, Manfred, den Papst Innozenz IV. 1258 exkommuniziert hatte, außerhalb des Kirchenstaates zu begraben. Deshalb wurde sein Leichnam wieder aus dem von Rittern auf dem Schlachtfeld von Benevent errichteten Steingrab genommen und am Ufer des Verde-Flusses verscharrt.

[146] Dante, geboren 1265, beginnt seine Jenseitswanderung „Nel mezzo del cammin di nostra vita" (*Inferno* I,1), nach damaligem Verständnis mit 35 Jahren.

ßen hat? König Manfred hat neben der dynastischen und der kulturgeschichtlichen Rolle noch eine andere Seite, eine epikuräische:

> Il detto re Manfredi [...] fu bello di corpo, e come il padre, e più, dissoluto in ogni *lussuria*, sonatore e cantatore era, volontieri si vedea intorno giocolari e uomini di corte, e belle *concubine*, e sempre si vestìo di drappi verdi; molto fue largo e cortese e di buon'aire, sì ch'egli era molto amato e grazioso, ma tutta sua vita fue *epicurio*, non curando quasi Idio né santi, se non al diletto del corpo. Nimico fu de santa Chiasa, e di cherici e de' religiosi, occupando le chiese, come il suo padre e più.[147]

(Besagter König Manfred war körperlich ein schöner Mann und wie sein Vater, oder noch mehr in jeder Hinsicht ausschweifend; er war Spieler und Sänger und sah gern Gaukler und Hofleute um sich und schöne Konkubinen und kleidete sich immer in grünes Tuch; er war sehr freigebig und edel und in guter Stimmung, sodass er sehr beliebt war und gefiel. Doch während seines ganzen Lebens war er ein Epikuräer, er kümmerte sich kaum um Gott und die Heiligen, wohl aber um die Freuden des Körpers. Er war ein Feind der Kirche, der Geistlichen und Mönche, es sei denn, hinsichtlich seines leiblichen Wohls, und beschlagnahmte wie sein Vater und mehr noch Kirchengüter.)

Was der Florentiner Historiker Giovanni Villani hier zu Beginn des 14. Jahrhunderts berichtet, mag im Detail nicht stimmen. Doch in der Tendenz war Manfreds Freude an Schaustellung und schöner Kleidung, an Liebe und Gesang – er soll ja auch selbst gedichtet haben – offenbar bekannt.[148] Jacopo d'Acqui, ein zeitgenössischer Chronist, geht in seinem *Chronicon imaginis mundi* näher auf die poetischen Spiellaunen dieses immer zum Feiern aufgelegten Kaisersohns ein::

> [Rex Manfredus] fecerat enim de sua curia paradisum delitiarum. Ibi largitiones mirabiles, et omnes vanitates mundi, de mulieribus, de vestibus, de ornamentis, de cibariis, de canticis, de instrumentis. Ibi enim sunt ludi diversi et omnia solatia mundi, omnia delectabilia tam in aliis quam in persona regis. Et nocte et die ibi iuvencule pulcherrime vane et etiam iuvenes absque numero. Ibi omnia carnalia et lasciva omnibus videbantur esse lecita. Erat enim ibi scola omnium instrumentorum et cantionum mundi. Et enim ipsemet rex Manfredus fuit pulcherrimus et cantor et inventor cantionum.[149]

---

[147] Villani, *Nuova Cronica*, 1991, Bd. I, S. 339 f. zitiert nach Schulze, *Amicitia vocalis*, S. 173).
[148] Zitiert in Schulze, *Amicitia vocalis*, 2004, S. 173. Vgl. ebd., S. 173–186, wo Schulze auch näher auf die Spiele eingeht, die am Hofe Manfreds nach dem Modell der Spiele gestaltet gewesen sein könnten, von denen im ersten Teil des *Roman de la rose* (ca. 1235) und davor schon im Liebestraktat von Andreas Capellanus (*De amore libri tres*, ca. 1180) die Rede ist.
[149] Zitiert ebd., S 173.

(König Manfred machte nämlich aus seinem Hof ein Paradies der Freuden. Dort gab es wunderbare Geschenke und alle Eitelkeiten der Welt, Frauen, Kleider, Schmuck, Speisen, Gesang, Instrumente. Dort gab es verschiedene Spiele und alle Ablenkungen der Welt, alle Genüsse sowohl bei den anderen wie in der Person des Königs. Und Tag und Nacht bildschöne eitle Mädchen und auch Jünglinge ohne Zahl. Dort schienen alle Ausschweifungen erlaubt zu sein. Es war nämlich eine Schule aller Instrumente und Melodien der Welt. Denn König Manfred selbst war der schönste Sänger und Erfinder von Liedern.)

Dante mag solche Berichte oder auch Gerüchte gekannt haben, was das erstaunliche Epitheton „orribil" in Vers 121 gut erklären könnte. Er interessiert sich aber in der hier zitierten Passage aus dem *Purgatorio* erkennbar mehr für das tragische Ende König Manfreds, dessen Details heute wie fast alles, was er an Ereignissen und Gestalten in der *Divina Commedia* zur Sprache bringt, genau recherchiert sind.[150] Und er stellt Manfred, von dem uns leider keines seiner Lieder überliefert ist, zwar nicht als Unschuldsengel dar, doch als einen reuigen Sünder, der den von Gott über ihn verhängten Schuldspruch in Demut akzeptiert. Manfred klagt nicht über sein Schicksal und das seines Stammes, nein, er berichtet erhobenen Hauptes, was ihm geschehen ist. Seine lange Rede am Ende des dritten Gesangs, kurz vor dem Aufstieg in höhere Regionen, ist deshalb viel eher die Klage, die Dante über das Ende eines Kaisertums anstimmt, von dem er sich die Einigung Italiens versprochen hatte, ein würdiger Abgesang auf ein großes Geschlecht.

---

[150] Johann König von Sachsen (1801–1873), Philalethes, wie er sich nannte, hat in seiner Übersetzung des Werkes als einer der ersten zusammen mit einem Freundeskreis das historische Material zusammengetragen, aus dem Dante das Riesengebäude seiner *Divina Commedia* erstellt hat (*Dante Alighieri's Göttliche Comödie*, 1904). Es ist noch immer ein unendliches Feld für die moderne Dante-Forschung. Im Falle von König Manfreds Hofhaltung beschränkt sich Philalethes auf die Bemerkung, dass Manfred „im Genusse sinnlicher Freuden nicht immer den strengen Forderungen der Sittlichkeit genügte" (ebd., S. 21).

E un di loro cominciò: „Chiunque
   tu se', così andando volgi il viso:
   pon mente se di là mi vedesti unque."   105
Io mi volsi ver lui e guardail fiso:
   biondo era e bello e di gentile aspetto,
   ma l'un de' cigli un colpo avea diviso.   108
Quand i' mi fui umilmente disdetto
   d'averlo visto mai, el disse: „Or vedi";
   e mostrommi una piaga a sommo 'l petto.   111
Poi sorridendo disse: „Io son Manfredi,
   nepote di Costanza imperatrice;
   ond'io ti priego che quando tu riedi,   114
vadi a mia bella figlia, genitrice
   dell'onor di Cicilia e d'Aragona,
   e dichi il vero a lei, s'altro si dice.   117
Poscia ch'io ebbi rotta la persona
   di due punte mortali, io mi rendei,
   piangendo, a quei che volontier perdona.   120
Orribil furon li peccati miei;
   ma la bontà infinita ha sì gran braccia,
   che prende ciò che si rivolge a lei.   123
Se 'l pastor di Cosenza, che alla caccia
   di me fu messo per Clemente allora,
   avesse in Dio ben letta questa faccia,   126
l'ossa del corpo mio sarìeno ancora
   in co del ponte presso a Benevento,
   sotto la guardia della grave mora.   129
Or le bagna la pioggia e move il vento
   di fuor dal regno, quasi lungo il Verde,
   dov'e' le trasmutò a lume spento.   132
Per lor maladizion sì non si perde,
   che non possa tornar l'etterno amore,
   mentre che la speranza ha fior del verde.   135
Vero è che quale in contumacia more
   di Santa Chiesa, ancor ch'al fin si penta,
   star li convien da questa ripa in fore,   138
per ogni tempo ch'elli è stato, trenta,
   in sua presunzïon, se tal decreto
   più corto per buon prieghi non diventa.   141
Vedi oggimai se tu mi puoi far lieto,
   revelando alla mia buona Costanza
   come m'hai visto, e anche esto divieto;   144
chè qui per quei di là molto s'avanza."

Dante Alighieri, *La Divina Commedia*, *Purgatorio* III, v. 103–145.

Und einer von ihnen begann: „Wer du auch seist,
   schau auf mich im Weitergehen
   besinne dich, ob du je mich drüben sahst."   105
Ich wandte mich ihm zu und betrachtete ihn fest.
   Blond war er, schön und von edlem Ausseh'n,
   doch eine Braue hatte ein Hieb verletzt.   108
Als ich bescheiden verneinte,
   ihn je geseh'n zu haben, sagte er: „Schau",
   und zeigte mir eine Wunde mitten auf der Brust.   111
Dann sagte er lächelnd: „Ich bin Manfred,
   Enkel der Kaiserin Constanze,
   weshalb ich dich bitte, wenn du zurückkehrst,   114
dann geh zu meiner schönen Tochter, Mutter
   von Siziliens und von Aragons Stolz,
   und sage ihr die Wahrheit, wenn man anderes berichtet. 115
Nachdem mein Leib durchbohrt ward
   von zwei Todesstichen, empfahl ich meine Seele
   weinend dem, der gern verzeiht.   120
Schrecklich waren meine Sünden,
   doch die unendliche Güte hat so weite Arme,
   dass sie aufnimmt, wer sich ihr anvertraut.   123
Hätte der Hirte von Cosenza, der damals
   von Clemens auf mich gehetzt wurde,
   in Gottes Antlitz diesen Zug erkannt,   126
so ruhten meine Gebeine noch heute dort
   am Brückenkopf bei Benevent
   im Schutz der schweren Steine.   129
Stattdessen sind sie Wind und Regen ausgesetzt
   am Verde-Ufer, außerhalb geweihter Erde,
   wohin er sie im Dunkel bringen ließ.   132
Durch Kirchenbann geht Gottes Liebe nicht verloren
   so, als ob sie nicht von Dauer wäre,
   solange noch die Hoffnung grünt.   135
Gewiss, wer ohne den Segen
   der Heiligen Kirche stirbt, muss,
   selbst wenn er bereut, ausgeschlossen bleiben   138
von diesem Ufer dreißigmal solange,
   wie er in seinem Trotz verharrte,
   wenn Fürbitte die Frist ihm nicht verkürzt.   141
Du siehst nun, wie du mich glücklich machen kannst,
   wenn du Constanze, meiner Tochter, erzählst,
   wie du mich sahst und auch von diesem Verbot.   144
Denn hier kommt viel Hilfe von dort, den Lebenden."

V Bibliographie

1. Textausgaben

Amours plurielles. Doctrines médiévales du rapport amoureux de Bernard de Clairvaux à Boccace. Présentation et commentaires par Ruedi Imbach et Iñigo Atucha. Paris: Éditions du Seuil 2006.
Andreas Capellanus, *De amore/Von der Liebe. Libri tres/Drei Bücher*. Text nach der Ausgabe von E. Trojel, übersetzt und mit Anmerkungen versehen von Fritz Peter Knapp, Berlin/New York: de Gruyter 2006.
Antologia della poesia italiana. Duecento. Diretta da Cesare Segre e Carlo Ossola. Torino ²1999.
Vincenzo De Bartholomaeis, *Poesie provenzali storiche relative all'Italia*. Roma: Tipografia del Senato 1931.
Canzoni di crociata a cura di Saverio Guida. Milano: Arnoldo Mondadori Editore 2001.
Dante Alighieri, *La Divina Commedia*. Testo critico della Società Dantesca Italiana, ed. Giuseppe Vandelli. Milano: Ulrico Hoepli 1987.
Dante Alighieri's Göttliche Comödie. Metrisch übertragen und mit kritischen und historischen Erläuterungen versehen von Philalethes. Fünfter unveränderter Abdruck der berichtigten Ausgabe von 1865–66. Leipzig/Berlin: B.G. Teubner 1904.
Dante, *De vulgari eloquentia*. A cura di Sergio Cecchini. Milano: TEA 1988.
Die deutsche Literatur, Bd. I: *Mittelalter*. Hg. von Helmut de Boor. München: C.H. Beck 1965.
Deutsche Lyrik des frühen und hohen Mittelalters. Edition der Texte und Kommentare von Ingrid Kasten. Übersetzungen von Margherita Kuhn. Frankfurt am Main: Deutscher Klassiker Verlag 2005 (= Bibliothek des Mittelalters in vierundzwanzig Bänden, Bd. 3. Frankfurt am Main 1995).
Des Minnesangs Frühling 1: Texte. Unter Benutzung der Ausgabe von Karl Lachmann [...] bearbeitet von Hugo Moser. Stuttgart: S. Hirzel Verlag ³⁸1988.
Minnesang. Mittelhochdeutsche Liebeslieder. Mittelhochdeutsch/Neuhochdeutsch. Eine Auswahl. Hg., übersetzt und kommentiert von Dorothea Klein. Stuttgart: Reclam 2010.
Emil Levy, *Guilhem Figueira, ein provenzalischer Troubadour*. Berlin: S. Liebrecht 1880.
Ein Sirventes von Guilhem Figueira gegen Friedrich II. Kritisch herausgegeben nebst verschiedenen Anhängen von O. Schultz-Gora. Halle: Max Niemeyer 1902.
Cecilia Cantalupi, *Il trovatore Guilhem Figueira*. Studio e edizione critica. Strasbourg: Editions de Linguistique et de Philologie 2020.
Federico II di Svevia, *Rime*. A cura di Letterio Cassata. Roma: Quiritta 2001 (erneuert: Federico II di Svevia, *Rime*. A cura di Letterio Cassata e Luigi Spagnolo. Roma: Edizioni Nuova Cultura 2008).
Enrico Fenzi, *La canzone d'amore di Guido Cavalcanti e i suoi antichi commenti*. Genova: il nuovo melangolo 1999.
Folquet de Marselha, *Poesie*. A cura di Paolo Squillacioti. Roma: Carocci editore 2003.

Guido Guinizzelli, *Rime* a cura di Luciano Rossi. Torino: Giulio Einaudi Editore 2002.
Friedrich von Hausen, *Lieder*. Mittelhochdeutsch/Neuhochdeutsch. Text, Übersetzung und Kommentar von Günther Schweikle. Stuttgart: Reclam 1984.
Frank-Rutger Hausmann, *Die Gedichte aus Dantes „De vulgari eloquentia"*, München: Wilhelm Fink Verlag 1986.
Sören Kierkegaard, *Entweder – Oder*. Köln/Olten: Jakob Hegner 1965.
Der Marner. Hg. von Philipp Strauch. Straßburg/London: Karl J. Trübner 1878 (Neudruck Berlin: De Gruyter 1965).
Heinrich von Morungen, *Lieder*. Mittelhochdeutsch und Neuhochdeutsch. Text, Übersetzung, Kommentar von Helmut Tervooren. Stuttgart: Reclam ²1992.
Il Novellino. Das Buch der hundert alten Novellen. Italienisch/Deutsch. Übersetzt und herausgegeben von Janos Riesz. Stuttgart: Reclam 1988.
Hans-Herbert S. Räkel, *Der deutsche Minnesang*. Eine Einführung mit Texten und Materialien. München: C. H. Beck 1986.
Poésies de Uc de Saint-Circ publiées avec une introduction, une traduction et des notes par A. Jeanroy et J.-J. Salverda de Grave. Toulouse 1913: Édouard Privat 1913.
Bruno Panvini, *Poeti italiani della corte di Federico II*. Edizione riveduta e corretta. Napoli: Liguori Editore ²1994.
I poeti della Scuola Siciliana. Volume primo: *Giacomo da Lentini*. Edizione critica con commento a cura di Roberto Antonelli; volume secondo: *Poeti della corte di Federico II*. Edizione critica con commento diretta da Costanzo di Girolamo; volume terzo: *Poeti siculo-toscani*. Edizione critica con commento diretta da Rosario Colucci. Milano: Arnoldo Mondadori Editore 2008.
Angelica Rieger, *Trobairitz*. Der Beitrag der Frau in der altokzitanischen höfischen Lyrik. Edition des Gesamtkorpus. Tübingen: Max Niemeyer Verlag 1991.
Staufische Herrscher als Minnesänger und ihre Beziehung zur volkssprachlichen Liedkunst. Mit einer Neuedition der Lieder Konradins von Michael Gerhard Schöner und Caroline Regina Schöner. Göppingen: Kümmerle 2014.
Walther von der Vogelweide, *Werke*, Band 1: *Spruchlyrik*. Hg. von Günther Schweikle u. Ricarda Bauschke-Hartung. Stuttgart: Reclam ³2019.
Carl A. Willemsen, *Kaiser Friedrich II. und sein Dichterkreis*. Staufisch-Sizilische Lyrik in freier Nachdichtung. Wiesbaden: Dr. Ludwig Reichert Verlag ²1977.
Die Gedichte Reinmars von Zweter. Hg. von Gustav Roethe. Leipzig: S. Hirzel 1887.

2. Historische Darstellungen

Bibliographie zur Geschichte Kaiser Friedrichs II. und der letzten Staufer. Zusammengestellt von Carl A. Willemsen. München 1986.
Manfred Akermann. *Die Staufer*. Ein europäisches Herrschergeschlecht. Stuttgart: Konrad Theiss Verlag / WBG 2003.
Maria Paola Arena (ed.), *Federico II splendor mundi*. Enciclopedia fridericiana. 2005 (2 Bände).
Friedemann Bedürftig, *Die Staufer*. Ein Lexikon. Darmstadt: Primus 2006.
Fulvio Delle Donne, *Federico II: la condanna della memoria*. Metamorfosi di un mito. Roma: viella 2012.

Klaus van Eickels /Tania Brüsch, *Kaiser Friedrich II.* Leben und Persönlichkeit in Quellen des Mittelalters. Düsseldorf/Zürich: Artemis & Winkler / WBG 2000.
Mariateresa Fumagalli Beonio Brocchieri, *Federico II.* Ragione e fortuna. Roma: Editori Laterza 2004.
Klaus J. Heinisch (Hg.), *Kaiser Friedrichs II. in Briefen und Berichten seiner Zeit.* Darmstadt: Wissenschaftliche Buchgesellschaft 1968.
Mathias Jehn, „Un'immagine del sogno tedesco: l'Historismus e Re Enzo", in *Bologna, Re Enzo e il suo mito*, 2001, S. 231–249.
Herbert Nette, *Friedrich II. von Hohenstaufen*. Reinbek: Rowohlt Taschenbuch Verlag 1975.
Hélène Nolthenius, *Duecento*. Hohes Mittelalter in Italien. Würzburg: Werkbund Verlag 1957.
Kurt Pfister, *Konradin. Der Untergang der Hohenstaufen*. München: Paul Hugendubel 1941.
Ernst Kantorowicz, *Kaiser Friedrich der Zweite* (1927 u. 1931). Düsseldorf/München: Helmut Küpper vormals Georg Bondi 1963 (2 Bde.).
Palazzo Re Enzo. Storia e restauri a cura di Paola Foschi e Francisco Giordano. Bologna: Costa Editore 2003.
Bologna, Re Enzo e il suo mito. A cura di A. I. Pini e A. L. Trombetti Budriesi. Bologna: Deputazione di Storia Patria 2001.
Olaf B. Rader, *Friedrich II. Der Sizilianer auf dem Kaiserthron*. München: C. H. Beck ^{4}2012 (Kurzfassung: *Friedrich II.* München 2015).
Friedrich von Raumer, *Geschichte der Hohenstaufen und ihrer Zeit*, Bd. 3 u. 4. Reutlingen 1828/29 (gekürzt in einem Band: *Kaiser Friedrich II. Der Hohenstaufe und seine Zeit*. Berlin: Verlag der Heimbücherei John Jahr 1943).
Ekkehart Rotter, *Friedrich II. von Hohenstaufen*. München: Deutscher Taschenbuch Verlag 2000.
Eva Sibylle/Gerhard Rösch, *Kaiser Friedrich II. und sein Königreich Sizilien*. Sigmaringen: Jan Thorbecke Verlag ^{2}1996.
Sybille Schröder, *Macht und Gabe*. Materielle Kultur am Hof Heinrichs II. von England. Husum: Matthiesen Verlag 2004.
Wolfgang Stürner, *Friedrich II. 1194–1250*. Darmstadt: Wissenschaftliche Buchgesellschaft ^{3}2009.
Giovanni Villani, *Nuova Cronica*, hg. von Giovanni Porta. Parma 1991 (3 Bde.).

3. Ausstellungskataloge und Bildbände

Minnesinger. In Bildern der Manessischen Liederhandschrift. Mit Erläuterungen hg. von Walter Koschorreck. Frankfurt am Main: Insel ^{11}2001 bzw. *Die Minnesinger in Bildern der Manessischen Handschrift*. Mit einem Nachwort hg. von Elisabeth Karg-Gasterstädt. Frankfurt am Main: Insel ^{18}2000.
Ingo F. Walther (Hg.), *Codex Manesse: Die Miniaturen der großen Heidelberger Liederhandschrift*. Frankfurt am Main: Insel-Verlag ^{6}2001.
Ewald Jammers, *Das königliche Liederbuch des deutschen Minnesangs*. Eine Einführung in die sogenannte Manessische Handschrift. Heidelberg: Lambert Schneider 1965.
Maria Effinger u. a. (Hg.), *Der Codex Manesse und die Entdeckung der Liebe*. Heidelberg: Universitätsverlag Winter ^{2}2012.
Frederici Romanorum Imperatoris Secundi De arte venandi cum avibus. Nunc primum integ-

rum edidit Carolus Arnoldus Willemsen. Leipzig: Insel Verlag 1942 (deutsch: Frankfurt am Main 1964).
Das Falkenbuch Kaiser Friedrichs des Zweiten. Einführung und erläuternde Beschreibung von Carl Arnold Willemsen. Graz: Akademische Druck- und Verlagsanstalt 1973.
Über die Kunst mit Vögeln zu jagen. Miniaturen aus einer Handschrift des Falken-Buches von Kaiser Friedrich II. Frankfurt am Main: Insel Verlag 1996.
Mamoun Fansa/Carsten Ritzau (Hg.), *Von der Kunst mit Vögeln zu jagen.* Kulturgeschichte und Ornithologie. Mainz: Verlag Philipp von Zabern 2007.
Das Staunen der Welt. Das Morgenland und Friedrich II. (1194–1250). Berlin: Museum für Islamische Kunst SMPK 1995.
Mamoun Fansa/Karen Ermete (Hg.), *Kaiser Friedrich II. (1194–1250).* Welt und Kultur des Mittelmeerraums. Mainz: Verlag Philipp von Zabern 2007.
Federico II e l'Italia. Percorsi, Luoghi, Segni e Strumenti. Roma: Edizioni de Luca – Editalia 1995.
Friedrich II. von Hohenstaufen. Der universale Herrscher 1250/2000. Berlin: Universitätsbibliothek der Freien Universität Berlin 2000.
Reiner Haussherr (Hg.), *Die Zeit der Staufer.* Geschichte, Kunst, Kultur. Stuttgart: Württembergisches Landesmuseum 1977 (5 Bde.).
Hohenstaufenburgen in Süditalien. Text und Abbildungen: Hanno Hahn. Bildtafeln: Albert Renger–Patzsch. München: Verlag F. Bruckmann 1961.
Bernd Schneidmüller/Stefan Weinfurter/Alfred Wieczorek (Hg.), *Verwandlungen des Stauferreiches.* Drei Innovationsregionen im mittelalterlichen Europa. Darmstadt: Wissenschaftliche Buchgesellschaft 2010.
Bernd Schneidmüller/Stefan Weinfurter/Alfred Wieczorek (Hg.), *Die Staufer und Italien.* Drei Innovationsregionen im mittelalterlichen Europa. Mannheim: CES/WBG 2010 (2 Bde.).
Joachim Schulze, *Die Bilder zum italienischen Minnesang im Canzoniere Palatino*, hg. von Elisabeth Schulze-Witzenrath. Heidelberg: Universitätsverlag Winter 2018.
Carl Arnold Willemsen/Dagmar Odenthal, *Apulien. Land der Normannen. Land der Staufer.* Köln: Verlag M. DuMont Schauberg ²1966.

4. Literaturgeschichte

Furio Brugnolo, „La Scuola poetica siciliana", in E. Malato (Hg.), *Storia della letteratura italiana*, Bd. I: *Dalle origini a Dante.* Roma: Salerno Editrice 1995.
Giuseppina Brunetti, „Attorno a Federico II", in Piero Boitani u. a. (Hg.), *Lo Spazio letterario del Medioevo* 2: *Il Medioevo volgare*, vol. I, ii. Roma: Salerno Editrice 2001, S. 649–693.
Friedrich Diez, *Die Poesie der Troubadours* (1826), Leipzig ²1883
Gianfranco Folena, „Cultura e poesia italiana dei Siciliani", in *Textus testis. Lingua e cultura poetica delle origini.* Torino: Bollati Boringhieri 2002, S. 81–158 (mit einer kritischen Bibliographie von 1987).
Hugo Friedrich, Epochen *der italienischen Lyrik.* Frankfurt am Main: Klostermann 1964.
Hans Naumann, „Die Hohenstaufen als Lyriker und ihre Dichterkreise", in *Dichtung und Volkstum* (= *Euphorion* 36, 1935, S. 121–49)
L. Peter Johnson, *Die höfische Literatur der Blütezeit (1160/70–1220/30).* Tübingen: Max

Niemeyer 1999 (*Geschichte der deutschen Literatur von den Anfängen bis zum Beginn der Neuzeit*, Bd. 2, 1).
Giuseppe Ledda, "Le origini e il Duecento", in *Dalle origini al Cinquecento*, hg. von Ezio Raimondi. Mailand: Bruno Mondadori 2007, S. 1–48.
Rüdiger Schnell, „Minnesang I und II", in *Germania Litteraria Medievalis Francigena*, Bd. 3: *Lyrische Werke*, hg. von Volker Mertens und Anton H. Touber. Berlin: de Gruyter 2012, S. 25–182.
Joachim Schulze, „Die Sizilianische Dichterschule", in Gallé, *Dichtung und Musik*, 2011, S. 125–145.
Franco Suitner, *I poeti del medioevo*. Italia ed Europa (secoli XII–XIV), Roma: Carocci editore 2010.

5. Spezialuntersuchungen

Giorgio Agamben, *Stanze. Parole e fantasme dans la culture occidentale*. Traduit de l'italien par Yves Hersant. [...] Cette nouvelle édition avec une postille inédite de l'auteur a été entièrement revue et corrigée. Paris: Editions Payot & Rivages 1994.
Manuela Allegretto, „Figura amoris", in *Cultura neolatina* XL (1980), S. 231–242.
Armando Antonelli, „Storia e poesia di Enzo re prigioniero", in *Palazzo Re Enzo*, 2003, S. 69–79.
Rossend Arqués (Hg.), *La poesia di Giacomo da Lentini*. Scienza e filosofia nel XII secolo in Sicilia e nel Mediterraneo occidentale. Palermo: Centro di Studi filologici e linguistici siciliani 2000.
Ellen Bender, „Traumfrau der Minnesänger? – Beatrix von Burgund und die Liebeslyrik der Stauferzeit", in Gallé, *Dichtung und Musik*, 2011, S. 41–67.
Furio Brugnolo, *Plurilinguismo e lirica medievale*. Da Raimbaut de Vaqueiras a Dante. Roma 1983.
Furio Brugnolo, „Il libro di poesia nel Trecento", in *Il libro di poesia dal copista al tipografo*, a cura di M. Santagata e A. Quondam. Modena: Panini 1989.
Otfrid Ehrismann, *Ehre und Mut. Âventiure und Minne*. München: C.H. Beck 1995.
Enrico Fenzi, *La canzone d'amore di Guido Cavalcanti e i suoi antichi commenti*. Genova 1999.
Aniello Fratta, „Giacomo da Lentini e l'amore lontano, in R. Arqués (Hg.), *La poesia di Giacomo da Lentini*, 2000, S. 243–251.
Carlo Frati, „Re Enzo e un'antica versione di due tratttati di falconeria", in *Miscellanea tassoniana*, ed. Tommaso Casini. Modena: Forniggini 1908, S. 61–81.
Aldo Tavolaro, *Federico II di Svevia e Leonardo Fibonacci da Pisa*, Bari: Laterza 1993.
Volker Gallé (Hg.), *Dichtung und Musik der Stauferzeit*. Colloquium 2010. Worms: Worms Verlag 2011.
Gerd Hübner, „Alumbe den Rîn. Rheinischer und romanischer Minnesang", in Gallé, *Dichtung und Musik*, 2011, S. 15–40.
Ernst H. Kantorowicz, *Die zwei Körper des Königs*. Eine Studie zur politischen Theologie des Mittelalters (1957/²1966). München: Deutscher Taschenbuch Verlag ²1994.
Thomas Karlauf, *Stefan George. Die Entdeckung des Charismas*. München: Karl Blessing Verlag 2007.
Beate Kellner, „‚Ich grüeze mit gesange'. Mediale Formen und Inszenierungen der Überwindung von Distanz im Minnesang", in *Text und Handeln*. Zum kommunikativen Ort von

Minnesang und antiker Lyrik, hg. von Albrecht Hausmann. Heidelberg: Universitätsverlag Winter 2004, S. 107–137.
Beate Kellner, *Spiel der Liebe im Minnesang*. Paderborn: Wilhelm Fink 2018.
Jens Köhler, *Der Wechsel*. Textstruktur und Funktion einer mittelhochdeutschen Liedgattung. Heidelberg: Universitätsverlag C. Winter 1997.
Marc Lewon, „Wie klang Minnesang? Eine Skizze zum Klangbild an den Höfen der staufischen Epoche", in Gallé, Dichtung und Musik, 2011, S. 69–123.
M. Martínez, „Dialogizität, Intertextualität, Gedächtnis", in Heinz Ludwig Arnold/Heinrich Detering (Hg.), *Grundzüge der Literaturwissenschaft*. München: dtv 1996, S. 430–445.
Angelo Monteverdi, „L'opera poetica di Federico II imperatore", in *Studi medievali*, n. s. XVII (1951), S. 1–20.
Jan-Dirk Müller, „Ritual, Sprecherfiktion und Erzählung. Literarisierungstendenzen im späteren Minnesang, in Ders, *Minnesang und Literaturtheorie*, hg. von Ute von Bloh u. a., Tübingen: Niemeyer 1996, S. 177–208.
Jan-Dirk Müller (Hg.), ‚*Aufführung*' *und ‚Schrift' in Mittelalter und Früher Neuzeit*. Stuttgart/Weimar: J. B. Metzler 1996.
Franziska Meier, „Ser Giacomo valente. La figura del ‚giurista-poeta' nella scuola siciliana. Giacomo da Lentini", in *La poesia in Italia prima di Dante* a cura di Franco Suitner. Ravenna: Longo Editore 2017, S. 203–217.
Sebastian Neumeister, *Das Spiel mit der höfischen Liebe*. Das altprovenzalische Partimen. München: Wilhelm Fink Verlag 1969.
Sebastian Neumeister, „Die ‚Literarisierung' der höfischen Liebe in der sizilianischen Dichterschule des 13. Jahrhunderts", in Joachim Heinzle (Hg.), *Literarische Interessenbildung im Mittelalter*. Stuttgart/Weimar: J. B. Metzler 1993, S. 385–400.
Sebastian Neumeister, „Das Bild der Geliebten im Herzen", in Ingrid Kasten u. a. (Hg.), *Kultureller Austausch und Literaturgeschichte im Mittelalter*. Sigmaringen: Jan Thorbecke Verlag 1998, S. 315–330.
Sebastian Neumeister, „Herrschermacht und Liebesdienst. Die Gedichte der Staufer (Kaiser Heinrich VI., Kaiser Friedrich II., König Enzo)", in Martin Baisch u. a. (Hg.), *Inszenierung von Subjektivität in der Literatur des Mittelalters*. Königstein/Taunus: Ulrike Helmer Verlag 2005, S. 56–74.
Sebastian Neumeister, „Hierarchisierung in der höfischen Liebeslyrik der Stauferzeit", in Volker Herzner/Jürgen Krüger (Hg.), *Oben und Unten – Hierarchisierung in Idee und Wirklichkeit der Stauferzeit*. 3. Landauer Staufertagung 2001, Speyer: Verlag der Pfälzischen Gesellschaft zur Förderung der Wissenschaften 2005, S. 61–73.
Sebastian Neumeister, „Die dialogischen Gedichte in der altprovenzalischen Literatur", in Christina Johanna Bischoff u. a. (Hg.), *Das Dialoggedicht/Dialogue Poems*. Heidelberg: Universitätsverlag Winter 2017, S. 129–145.
Sebastian Neumeister, „La lezione della luce nelle poesie di Guido Guinizzelli", in *La poesia in Italia prima di Dante* a cura di Franco Suitner. Ravenna: Longo Editore 2017, S. 145–154.
Régine Pernoud, *Aliénor d'Aquitaine*. Paris 1965. (dt. *Eleonore. Königin der Troubadoure*, Düsseldorf: Dietrichs 1966 u. ö.)
Nino Pirotta, *Musica fra Medioevo e Rinascimento*. Torino 1984.
Emil Ploss, „Walthers Spruch 28,1–10 und die Parodie des Singenberger", in *Festschrift für Hans Eggers zum 65. Geburtstag*, hg. von Herbert Backes. Tübingen: Max Niemeyer 1972, S. 577–596.

Wilhelm Pötters, *Nascita del sonetto*. Metrica e matematica al tempo di Federico II. Ravenna: Longo Editore 1998.
Ulrich Raulff, *Kreis ohne Meister. Stefan Georges Nachleben*. München: Deutscher Taschenbuch Verlag ²2012.
Rüdiger Schnell, „Frauenlied, Manneslied und Wechsel im deutschen Minnesang. Überlegungen zu ‚gender' und Gattung", in *Zeitschrift für deutsches Altertum und deutsche Literatur* 128 (1999), S. 127–184.
Rüdiger Schnell, *Tod der Liebe durch Erfüllung der Liebe? Das paradoxe amoureux und die höfische Liebe*. Göttingen: V & R unipress 2018.
Joachim Schulze, „Die sizilianische Wende der Lyrik", in Poetica 11 (1979), S. 318–342.
Joachim Schulze, „Hat Friedrich II. die Lieder seines Vaters Heinrich VI. gekannt?", in *Germanisch-romanische Monatsschrift* 68, N. F. 37 (1987), S. 376–386.
Joachim Schulze, „Die Sizilianer und der Minnesang", in *Germanisch-romanische Monatsschrift* 70, N. F. 39 (1989), S. 387–402.
Joachim Schulze, *Sizilianische Kontrafakturen*. Versuch zur Frage der Einheit von Musik und Dichtung in der sizilianischen und sikulo-toskanischen Lyrik des 13. Jahrhunderts. Tübingen: Max Niemeyer 1989.
Joachim Schulze, *Amicitia vocalis*. Sechs Kapitel zur frühen italienischen Lyrik mit Seitenblicken auf die Malerei. Tübingen: Max Niemeyer Verlag 2004.
Anna Laura Trombetti Budriesi, „Re Enzo e Bologna, l'Impero e i Comuni", in *Palazzo Re Enzo*. Storia e restauri a cura di Paola Foschi e Francisco Giordano. Bologna: Costa Editore 2003, S. 9–25.
Elke Ukena-Best, „Die Lyrik Kaiser Heinrichs VI. und König Konrads (Konradin)", in Gallé, *Dichtung und Musik*, 2011, S. 147–173.
Peter Weinmann, *Sonett-Idealität und Sonett-Realität*. Tübingen: Gunter Narr Verlag 1989.
Michael Waltenberger, „Kaiser Heinrichs *artificium*. Ein Versuch zur Archäologie des Poetischen im Minnesang", in *Höfische Textualität*. Festschrift für Peter Strohschneider. Hg. von Beate Kellner u. a. Heidelberg: Universitätsverlag Winter 2015, S. 147–161.
Peter Wapnewski, „Kaiserlied und Kaisertopos. Zu Kaiser Heinrich 5,16", in Ders., *Waz ist Minne*. Studien zur mittelhochdeutschen Lyrik. München: C. H. Beck 1975 S. 47–64.
Friedrich Wolfzettel, „Funktion der Funktionslosigkeit": Zur sizilianischen Dichterschule, in *Romanistische Zeitschrift für Literaturgeschichte* 20 (1996), S. 461–479.
Monika Zeiner, *Der Blick der Liebenden und das Auge des Geistes*. Die Bedeutung der Melancholie für den Diskurswandel in der Scuola Siciliana und im Dolce Stil Nuovo. Heidelberg: Universitätsverlag Winter 2006.
Paul Zumthor, *Essai de poétique médiévale*. Paris: Éditions du Seuil 1972.
Paul Zumthor, „Mündlichkeit/Oralität", in *Ästhetische Grundbegriffe*, hg. von Karlheinz Barck u. a. Stuttgart: J. Metzler ²2002, Bd. 4, S. 234–256.

Stammtafel der Stauferdynastie (Teildarstellung)

Friedrich I. Barbarossa (nach 1122–1190) ∞ Beatrix von Burgund
    Herzog von Schwaben 1146
    Deutscher König 1152
    Kaiser 1155

↓

Heinrich VI. (1165–1197) ∞ Konstanze von Sizilien
    Deutscher König 1169
    Kaiser 1194
    König von Sizilien 1194

↓

Friedrich II. (1194–1250)
    König von Sizilien 1198
    Deutscher König 1212
    Kaiser 1220
        ∞   Konstanze von Aragón
        ∞   Isabella, Königin von Jerusalem
        ∞   Isabella von England
        ∞ (?) Bianca Lancia

Heinrich (VII.)	Enzio (Heinrich)	Konrad IV.	Manfred
(1211–1242)	(1214/20–1272)	(1228–1254)	(1232–1266)
König von Sizilien 1212	König von Sardinien	König von Jerusalem gew. dt. König 1237	König von Sizilien 1258
Deutscher König 1220		König von Sizilien 1250 ∞ Elisabeth von Bayern	∞ Beatrix von Savoyen
		↓	↓
		Konradin (1252–1268) König v. Jerusalem (und Sizilien)	Konstanze ∞ **Peter III.** König von Aragón

gsverzeichnis

Heinrich VI.
bliothek Heidelberg / Große Heidelberger
rift – Cod. Pal. germ. 848 / fol. 6r.

Friedrich I. Barbarossa mit seinen Söhnen Heinrich
ch VI.) und Friedrich (Herzog Friedrich von Schwaben).
Welfenchronik, Mittelalterliche Hand-schrift auf Pergament,
letzten Viertel des 12. Jh.s (nach 1185). Hochschul- und
hek Fulda, Signatur 100 D 11, fol. 31:14r.

Friedrich II.
oteca Apostolica Vaticana, Pal. lat. 1071, fol. 1v.

Heinrich Frauenlob.
bliothek Heidelberg / Große Heidelberger Liederhandschrift
sse) – Cod. Pal. germ. 848, Zürich, ca. 1300 bis ca. 1340 / fol. 399r.

del Monte (Apulien)
ickr.com/photos/52012189@N00/291731387, verwendet unter CC BY 2.0:
ecommons.org/licenses/by/2.0/

Heinz (Re Enzo)
ni Pascoli: *Le canzoni di Re Enzo*, Bologna: Zanichelli 1908/09, Titelseite.

Konrad der Junge.
bliothek Heidelberg / Große Heidelberger Liederhandschrift (Codex Manesse) –
n. 848, Zürich, ca. 1300 bis ca. 1340 / fol. 7r.

Konrad der Junge.
bliothek Heidelberg / Große Heidelberger Liederhandschrift (Codex Manesse) –
n. 848, Zürich, ca. 1300 bis ca. 1340 / fol. 7v.

Walther von der Vogelweide.
bliothek Heidelberg / Große Heidelberger Liederhandschrift
sse) – Cod. Pal. germ. 848, Zürich, ca. 1300 bis ca. 1340 / fol. 124r.

eichnung von Franz Stassen zu Dante Alighieris *La Commedia*, Purgatorio III.
mer: *Ein Dantekranz aus hundert Blättern*, Berlin: G. Grote'sche
andlung 1905, S. 105.